DIE BERLINER MAUER

Grenze durch eine Stadt

Thomas Flemming
Dokumentation Berliner Mauer-Archiv: Hagen Koch

be.bra verlag

Bibliografische Information der
Deutschen Nationalbibliothek
Die Deutsche Nationalbibliothek verzeichnet diese Publikation in der Deutschen Nationalbibliografie; detaillierte bibliografische Daten sind im Internet über http://dnb.d-nb.de abrufbar.

Aktualisierte Auflage

KulturBrauerei Haus 2,
Schönhauser Allee 37, 10435 Berlin
post@bebraverlag.de
Lektorat: Gabriele Dietz, Berlin
Typografie und Umschlag:
Farnschläder & Mahlstedt, Hamburg
(Umschlagfoto Klaus Lehnartz)
Layout: typegerecht, Berlin
Schriften: Excelsior 9 pt und Folio
Karte Mauerverlauf: Peter Palm, Berlin
Druck und Bindearbeiten:
Finidr, Český Těšín
ISBN 978-3-930863-73-0

www.bebraverlag.de

Wir danken für Abdruck-Genehmigungen
Basis Druck Berlin für ein Zitat aus »Halt! Grenzgebiet! Leben im Schatten der Mauer« von Thomas Scholze und Falk Blask;
Brandenburgisches Verlagshaus für Passagen aus »Ausgegrenzt. Der Fall der DDR-Grenztruppen« von Volker Koop;
Ch. Links Verlag für Passagen aus »Geisterbahnhöfe« von Christoph Links, Heinz Knobloch und Thomas Wenzel; aus »Chronik des Mauerfalls« von Hans-Hermann Hertle;
S. Fischer Verlag für eine Passage aus »Vierzig Jahre« von Günter de Bruyn
und Klaus Schlesinger für eine Passage aus seinem Buch »Am Ende der Kindheit«.

Dieses Buch basiert auf dem umfangreichen Band von Th. Flemming / H. Koch, »Die Berliner Mauer – Geschichte eines politischen Bauwerks«
ISBN 978-3-89809-083-4
be.bra verlag, Berlin 2008

Inhalt

EINE MAUER DURCH BERLIN

Die Grenze wird dicht gemacht

Um 1.11 Uhr unterbricht der Ost-Berliner Rundfunk seine »Melodien zur Nacht« für eine Sondermeldung:
»Die Regierungen der Warschauer Vertragsstaaten wenden sich an die Volkskammer und an die Regierung der DDR mit dem Vorschlag, an der Westberliner Grenze eine solche Ordnung einzuführen, durch die der Wühltätigkeit gegen die Länder des sozialistischen Lagers zuverlässig der Weg verlegt und rings um das ganze Gebiet Westberlins eine verlässliche Bewachung gewährleistet wird.«

Die geschraubte Erklärung hat eine klare Bedeutung: West-Berlin wird abgeriegelt. Aber wer hört im Westen schon SED-Funk ...

Es ist Sonntag, der 13. August 1961.

Am Brandenburger Tor gehen um 1.05 Uhr plötzlich die Lichter aus. Bewaffnete DDR-Grenzpolizisten und Angehörige der Kampfgruppen ziehen auf und postieren sich an der innerstädtischen Demarkationslinie. Im Scheinwerferlicht von Militärfahrzeugen reißen sie das Straßenpflaster auf und errichten Stacheldrahtbarrieren. An vielen Stellen in und um Berlin die gleichen Szenen: Grenzpolizisten, Schützenpanzer, Stacheldraht, Betonpfähle.

Der Westen ahnt zu diesem Zeitpunkt noch nichts von der dramatischen Entwicklung an den Sektorengrenzen. Im Lagezentrum der West-Berliner Polizei am Tempelhofer Damm richtet sich Oberkommissar Hermann Beck auf einen Routinedienst ein.

Gegen 2.00 Uhr kommt eine Meldung, mit der Beck zunächst nichts anzufangen weiß. Irritiert trägt er ins Wachbuch ein: »13. 8. 1961, 1.54 Uhr. Polizeirevier Spandau

13. August 1961: Grenzpolizisten vor einer Stacheldrahtsperre in der Bernauer Straße.

teilt mit, daß der S-Bahn-Zug aus Richtung Staaken in Richtung Berlin auf sowjetzonales Gebiet zurückgeführt wurde. Die Fahrgäste mußten aussteigen und erhielten ihr Fahrgeld zurück.« Nur eine Minute später ein weiterer Anruf, aus Wedding: »1.55. Einstellung des S-Bahn-Verkehrs am Bahnhof Gesundbrunnen in beiden Richtungen.« Nun geht es Schlag auf Schlag. Auch Schönholz, Wannsee, Stahnsdorf melden die Unterbrechung des S-Bahn-Verkehrs.

Die ab 2.20 Uhr in kurzer Folge einlaufenden Meldungen werden immer bedrohlicher: »15 Militärlastwagen mit Vopos an der Oberbaumbrücke«. »Panzerspähwagen an der Sonnenallee«. »Am Brandenburger Tor Hunderte Vopos und Grenzer mit Maschinenpistolen«. Beck gerät an den Rand einer Panik. Ist das der immer wieder befürchtete Angriff auf West-Berlin? Soll er jenen versiegelten Umschlag aus dem Panzerschrank holen und den geheimen Alarmplan für die Verteidigung von West-Berlin auslösen, der die westlichen Hauptstädte binnen weniger Minuten in Aufruhr versetzen würde? Eine viertel Stunde lang ringen Beck und sein Vorgesetzter um die folgenschwere Entscheidung. Als bis 2.45 Uhr in den telefonischen Lageberichten weiterhin von »Truppenansammlungen« und »Absperrungen« die Rede ist, nicht aber vom »Vorrücken auf West-Berliner Gebiet«, entschließen sie sich, erst einmal »kleinen Alarm« (Alarmstufe E1) zu geben.

Sämtliche 13 000 West-Berliner Polizisten werden in dieser Nacht aus dem Schlaf geklingelt. Ein ehemaliger Polizeihauptmann über die dramatischen Augenblicke am Brandenburger Tor: »Wir haben erst gedacht, die überrennen uns und marschieren in West-Berlin ein, aber die blieben auf den Zentimeter genau an der Sektorengrenze stehen.«[1]

Es ist eine generalstabsmäßig geplante und ausgeführte Aktion, die von einem im Westen kaum bekannten SED-Funktionär geleitet wird – Erich Honecker. Bei dem 49-jährigen Sekretär des Nationalen Verteidigungsrates laufen in dieser Nacht alle Fäden zusammen. Sein Lagezentrum befindet sich im Polizeipräsidium am Alexanderplatz, wo er über Telefon und durch Kuriere laufend Berichte zum Fortgang der Sperrmaßnahmen entgegen nimmt und Anwei-

14. August 1961: Angehörige der Kampfgruppe sichern die Grenze am Brandenburger Tor.

sungen an die Kommandeure ausgibt. An der Absperrung von West-Berlin sind in dieser Nacht unmittelbar rund 10 500 Einsatzkräfte von Volks- und Grenzpolizei und Angehörige der Kampfgruppen beteiligt. Hinzu kommen mehrere Hundert Stasi-Mitarbeiter sowie zwei motorisierte Schützendivisionen der NVA (zusammen rund 8 000 Mann), die allerdings Befehl haben, sich der Grenze in einer »zweiten Sicherungsstaffel« nur bis auf 1 000 Meter zu nähern.

Alles verläuft nach Plan. Von den 81 Straßenübergangsstellen sind nur noch 12 passierbar, der Rest mit Stacheldraht abgesperrt. Der S- und U-Bahn-Verkehr zwischen beiden Teilen Berlins sowie ins Umland ist unterbrochen. Am 23. August wird die Zahl der Grenzübergänge auf sieben reduziert: Friedrichstraße, Bornholmer Straße, Chausseestraße, Invalidenstraße, Heinrich-Heine-Straße, Oberbaumbrücke, Sonnenallee und Friedrichstraße/Zimmerstraße (Checkpoint Charlie).

Walter Ulbricht hat sein politisches Ziel erreicht. Der Fluchtweg über die Berliner Sektorengrenze, auf dem in den vergangenen Jahren mehr als 1,6 Millionen DDR-Bürger in den Westen gegangen waren, ist versperrt. Es hatte den SED-Chef in den vergangenen Monaten und Tagen einige Mühen gekostet, den sowjetischen Partei- und Staatschef Chruschtschow und die anderen Ostblock-Führer davon zu überzeugen, dass nur die Abriegelung von West-Berlin den Flüchtlingsstrom stoppen und ein »Ausbluten« der DDR verhindern könne.

Am 12. August 1961 gegen 16.00 Uhr unterzeichnet Ulbricht die entsprechenden Befehle. Die Operation nimmt ihren Lauf.

Auch die Einweisung der bis dahin ahnungslosen NVA-Kommandeure erfolgt erst am 12. August durch Verteidigungsminister Heinz Hoffmann. Um 20.00 Uhr ergeht an sie der Befehl, »die bewaffneten Kräfte des Ministeriums des Innern bei der Sicherung der Sektorengrenzen und am Außenring von Westberlin zu unterstützen. Die Truppenteile der Nationalen Volksarmee bilden in den befohlenen Abschnitten mit Kräften der 1. und 8. MSD (motorisierte Schützendivision, d. Verf.) eine zweite Sicherungsstaffel in einer Tiefe von ca. 1 000 m von der Grenze.«[2]

Für die sowjetischen Truppen um Berlin gilt in jener Nacht Alarmstufe 1. Doch sollen sie bei der gesamten Operation nach Möglichkeit überhaupt nicht in Erscheinung treten.

Ulbricht und Honecker haben bei den Vorbereitungen der Grenzschließung fast alle Führungskräfte in Partei und Staat übergangen. Auch die Vorsitzenden der sogenannten Blockparteien wissen von nichts, als sie am Abend des 12. August auf Einladung von Ulbricht in dessen Sommerresidenz nach Groß-Dölln 75 Kilometer nördlich von Berlin zum Essen kommen. Erst gegen 22.00 Uhr wird den einigermaßen verblüfften Gästen mitgeteilt, dass die Schließung der Sektorengrenze zu West-Berlin unmittelbar bevorstehe.

Es ist eine warme Augustnacht nach einem heißen Samstag. Um 2.30 Uhr erhält Allan Lightner, oberster Vertreter der US-Regierung in Berlin, telefonisch die Information über die Sperrung der Sektorengrenze – und legt sich wieder schlafen. Man solle ihn wecken, sobald es neue Entwicklungen gebe. Der CIA-Mitarbeiter John Kenney erfährt um 3.30 Uhr über eine Radiomeldung des Rias, dass die Grenze geschlossen ist. Als er wenig später im CIA-Hauptquartier in Dahlem eintrifft, erwartet er eigentlich hektisches Treiben. Doch im ganzen Gebäude ist es ruhig, von Alarmstimmung keine Spur.

Unterdessen hat Richard Smyser, Mitarbeiter der US-Mission, vom Dienst haben-

Geheime Verschlußsache

den 12.8.1961
He/Ke.

Kandidat des Politbüros
des ZK der SED
Genosse Gerhard G r ü n e b e r g

Geheime Kommandosache
27 (persönlich!) 27

P o t s d a m

Nr. 24/61
2 Exemplare je 1 Blatt
2. Exemplar 1 Blatt
-221

Werter Genosse Grüneberg!

Ich bitte Dich, entsprechend der getroffenen Vereinbarungen am 13. August 1961, ab 01.30 Uhr die erforderlichen Maßnahmen zu veranlassen. Die Dir bekannten Dokumente werde ich Dir im Verlaufe der Nacht übermitteln. Den in der Anlage beigefügten Befehl an den Vorsitzenden der Einsatzleitung Potsdam, Genossen S e i b t , bitte ich um 01.30 Uhr zu übergeben. Desweiteren füge ich diesem Schreiben die Entwürfe für die Alarmbefehle an die Einsatzleitungen der Kreise Oranienburg, Nauen, Potsdam, Zossen und Königswusterhausen bei sowie den Entwurf einer Bekanntmachung des Rates des Bezirkes Potsdam.

Mit sozialistischem Gruß

E. Honecker

Anlagen

Die Uhr tickt. Am 12. August 1961 löst Honecker die Befehlskette für die Grenzsperrung aus.

den Offizier den Auftrag erhalten, sich in Berlin »umzusehen«. Gegen 3.30 Uhr trifft er am Potsdamer Platz ein.

Von den dort postierten Grenzpolizisten verlangt er Auskünfte über das Geschehen – und freie Durchfahrt. Nach kurzem Wortwechsel wird tatsächlich der Stacheldraht beiseite geschoben, so dass Smyser mit seinem Auto passieren kann. Auf den dämmrigen Straßen Ost-Berlins sieht er Militärfahrzeuge, Schützenpanzer und LKW mit Stacheldraht und Betonpfählen; aber er sieht keinen einzigen sowjetischen Panzer.

In Washington treffen die ersten Nachrichten aus Berlin kurz nach 5.00 Uhr MEZ (gegen Mitternacht Ortszeit) ein. Als erster wird John Ausland, Mitarbeiter der Berlinabteilung im US-Außenministerium, informiert. Er hört sich den Telefonbericht an und geht wieder zu Bett. Vier Stunden später erhält er ein CIA-Telegramm aus Berlin, welches das Code-Wort zur sofortigen Unterrichtung des Präsidenten enthält. Nun eilt Ausland ins State Departement und sucht in den Unterlagen hektisch nach Plänen für den vorliegenden Fall. Nach längerem Suchen findet er endlich einen Ordner mit der entsprechenden Aufschrift »Border closure« – er ist leer.

US-Präsident Kennedy wird um 12.30 Uhr Ortszeit an Bord seiner Yacht in Hyannis Port in Kenntnis gesetzt. Er ist zunächst ungehalten, erst jetzt von den Berliner Ereignissen zu erfahren, beruhigt sich jedoch rasch. Mit Außenminister Dean Rusk entwirft er eine Presseerklärung und sagt dann: »Ich gehe jetzt segeln. Gehen Sie wie geplant zu Ihrem Baseball-Spiel.« In der Presseerklärung heißt es: »Die Absperrung Ost-Berlins ist eine für alle Welt sichtbare Niederlage des kommunistischen Systems. Das ostdeutsche Ulbricht-Regime ist für die unmenschliche Einsperrung der eigenen Landsleute vor aller Welt verantwortlich.« In vertraulicher Runde macht Kennedy aus seiner Erleichterung über die Entwicklung keinen Hehl. »Chruschtschow hätte doch keine Mauer bauen lassen, wenn er wirklich West-Berlin will. Wenn er die ganze Stadt besetzt, dann braucht er keine Mauer. ... Keine besonders angenehme Lösung, aber eine Mauer ist verdammt noch mal besser als ein Krieg.«[3] Zudem waren die »drei Essentials« der amerikanischen Berlin-Politik nicht berührt – 1. Präsenz der Westalliierten in Berlin, 2. freie Zugangswege, 3. Selbstbestimmungsrecht der West-Berliner. Für Washington bestand somit wenig Anlass zu energischem Handeln.

In West-Berlin sieht man die Dinge an diesem 13. August völlig anders.

Der Regierende Bürgermeister Willy Brandt befindet sich nicht in der Stadt, sondern in einem Wahlkampfsonderzug auf der Fahrt von Nürnberg nach Hannover. Brandt ist SPD-Kanzlerkandidat für die im September 1961 anstehenden Bundestagswahlen. Um 4.30 Uhr wird er von Heinrich Albertz, dem Chef der Senatskanzlei, geweckt. Mit dem ersten Flugzeug kehrt Brandt nach Berlin zurück. »Am Flughafen Tempelhof empfingen mich Albertz und Polizeipräsident Stumm. Wir fuhren zum Potsdamer Platz und ans Brandenburger Tor und sahen überall das gleiche Bild: Bauarbeiter, Hindernisse, Betonpfähle, Stacheldraht, Militärs der DDR. Im Rathaus Schöneberg entnahm ich den Meldungen, daß rings um die Stadt sowjetische Panzer in Bereitschaft gegangen seien und Walter Ulbricht den mauerbauenden Einheiten bereits gratuliert habe ...«[4]

Noch am Vormittag fährt Brandt zu den westlichen Stadtkommandanten in den Villenvorort Dahlem. Er fragt eindringlich, was die Westalliierten zu tun gedächten, und erntet zunächst betretenes Schweigen. In wachsender Erregung fordert der Regierende Bürgermeister wenigstens einen scharfen Protest in Moskau und fügt hinzu: »Schickt mindestens sofort Patrouillen

17. August 1961 — Berliner Zeitung — Seite 3

Mittwoch, 16. August 1961 · 15 Pf

18. Jahr · Nr. 189 · Druck in Berlin

Bild ZEITUNG

UNABHÄNGIG · ÜBERPARTEILICH

Berliner illustrierte Nachtausgabe

Der Osten handelt – was tut der Westen?

…denn Zigarren raucht der Mann

Der Westen tut NICHTS!

Enttäuscht

Der Osten hat gehandelt. Der Osten handelt noch.

„BZ"-Kommentar

Die Kriegstreiber isolieren sich

„Enttäuscht. – Der Osten hat gehandelt. Der Osten handelt noch." So beginnt das Massenblatt des Springer-Konzerns sein Klagelied. „Wir sind enttäuscht." So endet es an dieser Stelle jener Seite 1.

Enttäuscht und ungeheuer wütend zugleich sind die Kriegstreiber. Worüber? Darüber, daß ihr Westberlin-Programm gescheitert ist. Der „politische Lebenszweck" Westberlins sei verlorengegangen, schreibt die bürgerliche „Stuttgarter Zeitung" völlig einleuchtend.

Dieser „Lebenszweck", der nichts – aber auch gar nichts – mit den Interessen der friedlichen Westberliner zu tun hatte, bestand darin, Störzentrum gegen die DDR, gegen das ganze sozialistische Lager zu sein. Das haben Brandt und Konsorten oft genug deutlich gesagt. Das wollten sie in diesen Wochen auf die Spitze treiben.

Nun ist es aus mit der Menschenfängerei, mit dem Kinderraub, mit der Vergiftung unserer Jugend in den Grenzkinos, mit der 1:4-Korruption und was noch alles zum Frontstadt-Lebenszweck gehörte. Die DDR hat auf Empfehlung ihrer Partner des Warschauer Vertrages das Störzentrum dicht gemacht. Klappe zu – Affe dot, so sagt der Berliner. Herr Brandt, Sie sind damit gemeint!

Und was sich Herr Brandt als Antwort auf unsere Schutzmaßnahmen wünscht, den Gipfel der Scharfmacherei nämlich, das kommt nicht zustande. Es kommt nicht zustande, weil die Berechtigung unserer Vorkehrungen bei allen klardenkenden Politikern im Ausland erkannt worden ist; weil die Stärke des sozialistischen Lagers, das hinter unseren Maßnahmen steht, offenbar erkannt wird.

Und Brandts Scharfmacher-Forderungen verhallen, weil kein Engländer, kein Franzose und Italiener, kein Amerikaner oder Kanadier für eine Handvoll Westberliner Militaristen die Kastanien aus dem Feuer holen will. Millionen Menschen aus allen Klassen und Schichten auch der imperialistischen Staaten, vor allem aber die Arbeiterklasse dort, verstehen und billigen unser Vorgehen gegen die Friedensstörer.

Sehen Sie sich die drei Köpfe an, die „Bild" zeigt, und die fetten Zeilen dazu – dann können Sie sich denken, wie die Kriegstreiber enttäuscht sind und warum. Sogar von denen, die sie (fälschlich oder zu recht) für die eigenen Leute halten, isoliert zu sein, ist eine harte Nuß. Wohl darum hat „Bild" um seine Seite einen Stacheldraht montiert. Der paßt ganz gut …

Maßlos enttäuscht schließlich sind jene Scharfmacher, weil die große Mehrheit unserer Bevölkerung hinter der Partei der Arbeiterklasse, hinter der Regierung der Deutschen Demokratischen Republik und ihren Maßnahmen steht, ja sie aktiv unterstützt.

Bleibt noch zu sagen: Eine solche Enttäuschung für die Militaristen ist uns ein Hochgenuß. Das Zeitalter des Sozialismus ist seit vielen Jahrzehnten voll von dergleichen Enttäuschungen und Schlägen gegen die imperialistischen Scharfmacher. Daß sie sich hiermit nicht abfinden wollen, ist ihre Sache. Daß sie sich damit abfinden müssen und immer neue Enttäuschungen erleben, ist unsere Sache.

Dr. A.

US-Präsident Kennedy schweigt…

Macmillan geht auf die Jagd…

…und Adenauer schimpft auf Brandt

Lesen Sie die Berichte auf den Seiten 2, 3, 4 und

Liebe Leser

DER

Berliner Zeitung

Wir erlauben uns, Ihnen hier in Originalgröße die gestrige Seite 1 der „Bild"-Zeitung zu präsentieren. Sie erscheint in Hamburg und Westberlin,

Platzverschwendung – werden Sie vielleicht sagen. Nun ja, wir haben einige Manuskripte zurückgestellt, die uns sehr am Herzen liegen.

Beispielsweise aus der Fülle der Zustimmungserklärungen, der Berichte von guten Taten, mit denen die Werktätigen unserer Republik auf die Schutzmaßnahmen ihrer Regierung antworten.

Diese Dokumente eines weiteren Schrittes in die neue Zeit, der Schritte zu einem sauberen Berlin, des Wachstums unserer Menschen haben wir sehr ungern zurückgestellt.

Aber wir meinen, daß diese Seite 1 aus „Bild" für manche unserer Bürger, die noch nicht ganz mit der Zeit gewachsen sind, interessant sein könnte.

Besonders denken wir an einige Grenzgänger, die bisher dergleichen Zeitungen zu lesen und sogar mitzubringen pflegten. Diese Bürger unseres Staates haben nun keine Gelegenheit mehr dazu. Wir verschaffen sie ihnen heute.

Es könnte nämlich sein, daß diese Bürger zur Zeit noch geneigt sind, „ihrer" bisherigen Zeitung mehr Glauben zu schenken als unseren Argumenten. Mögen sie also lesen, wie „Bild" die Lage einschätzt.

Da unsere alten Leser eine Bemerkung zu dieser nicht alltäglichen Seite 1 eines Westblättchens erwarten dürften und unsere neuen Leser vielleicht das Bedürfnis haben, nun umzudenken, empfehlen wir den gegenüberstehenden BZ-Kommentar.

Triumphierend präsentiert die Ost-«Berliner Zeitung« ihren Lesern diese »Bild«-Titelseite.

an die Sektorengrenze, um dem Gefühl der Unsicherheit zu begegnen und den West-Berlinern zu zeigen, daß sie nicht gefährdet sind!« Das immerhin veranlassen die drei Stadtkommandanten. Ansonsten sehen sie wenig Grund zu Aktivitäten, zumal sie auf Instruktionen aus ihren Hauptstädten warten.

In der West-Berliner Bevölkerung verbreitet sich das Gefühl, im Stich gelassen zu werden. »Der Westen tut nichts« titelt die »Bild-Zeitung« am 16. August und bringt damit die Gefühle einer halben Stadt zum Ausdruck. In dieser Situation entschließt sich Brandt zu einem ungewöhnlichen Schritt: Er schickt – unter Umgehung des US-Stadtkommandanten – ein Telegramm an US-Präsident Kennedy. In fast undiplomatischer Direktheit fordert der Regierende Bürgermeister Aktionen: »1. Untätigkeit und reine Defensive könnten eine Vertrauenskrise zu den Westmächten hervorrufen. 2. Untätigkeit und reine Defensive könnten zu übersteigertem Selbstbewußtsein des Ostberliner Regimes führen ...«

Am Nachmittag des 16. August haben sich rund 300 000 West-Berliner vor dem Schöneberger Rathaus zu einer Protestkundgebung versammelt. Die Stimmung ist aufgeheizt. Auf Plakaten ist zu lesen: »Wir sind schutzbedürftig. Wo sind die Schutzmächte?« – »Genug der Proteste. Jetzt laßt Taten sprechen« – »Vom Westen betrogen«. Brandt steht vor einer überaus schwierigen Aufgabe. Einerseits muss er die Gefühle der Menschen ansprechen, andererseits verhindern, dass es zu einer Verschärfung der Lage und zu unbedachten Handlungen an den Sperranlagen kommt. Mit seiner Rede trifft er den richtigen Ton: »Die Sowjetunion hat ihrem Kettenhund Ulbricht ein Stück Leine gelassen. Sie hat ihm gestattet, seine Truppen einmarschieren zu lassen in den Ostsektor dieser Stadt. ... Die Proteste der drei westlichen Kommandanten waren gut, aber dabei allein darf es nicht bleiben!« An Funktionsträger und Militärs der DDR richtet er einen dringlichen Appell: »Laßt euch nicht zu Lumpen machen! Zeigt menschliches Verhalten, wo immer es möglich ist, und vor allem, schießt vor allem nicht auf

Protestkundgebung mit Willy Brandt am 16. August 1961 vor dem Schöneberger Rathaus.

eure Landsleute! ... Diese Stadt Berlin wünscht den Frieden, aber sie kapituliert nicht.«

Unterdessen laufen in Washington alarmierende Berichte aus West-Berlin ein. Ein Mitarbeiter des State Departement telegrafiert: »Es besteht die Gefahr, daß jene leicht verderbliche Ware zerstört wird, die man Hoffnung nennt.«[5] In dieser Lage entschließt sich Kennedy zu zwei symbolischen Aktionen. Er schickt 1 500 GI's zur Verstärkung der US-Garnison über die Autobahn von Helmstedt nach Berlin, wo sie von der Bevölkerung stürmisch begrüßt werden. Und er entsendet seinen Vizepräsidenten Lyndon B. Johnson in die abgeriegelte Stadt. Als Johnson am 19. August auf dem Flughafen Tempelhof eintrifft, ist er überwältigt von dem triumphalen Empfang. Hunderttausende säumen die Straßen auf seiner Fahrt durch die Westsektoren.

Die Lage in Ost-Berlin

Während die Bilder der Wut und des Protestes der West-Berliner um die Welt gehen, dringt über die Situation im Ost-Sektor kaum etwas nach außen. »Straßenbahnen fuhren vorbei, olivgrüne Militärlastwagen, auf denen Uniformierte saßen mit eisernen Mienen«, beschreibt der Schriftsteller Klaus Schlesinger rückblickend den 13. August. »Überall dasselbe Bild, Sperrketten bewaffneter Kampfgruppen und auf beiden Seiten Menschen. Ich ... lief instinktiv die Straßen in Grenznähe entlang ... überall Menschen vor bröckelnden Fassaden, Kopfschütteln und heftige Armbewegungen. An einer Ecke standen Frauen und sahen hinüber auf die andere Seite. Eine rief: Verwandte ersten Grades dürfen immer, Verwandte zweiten Grades nur auf Genehmigung.«[6]

Die DDR-Presse verbreitet nichts als Jubelmeldungen und Solidaritätsbekundungen. Das »Neue Deutschland«, 14. August: »Wir können aufatmen – Wehe dem, der frech wird!« werden »Werktätige der DDR und ihrer Hauptstadt« zitiert. Heute zugängliche Geheimberichte der SED-Kreisleitungen geben Einblick in die Stimmungslage der Ost-Berliner Bevölkerung unmittelbar nach

Erweiterung des Grenzstreifens. Ausbau der Sperranlagen am Checkpoint Charlie im November 1961.

der Grenzschließung. Diese »Informationsberichte«[7] zeigen ein erstaunlich ungeschminktes Bild von den Reaktionen in den Stadtbezirken. Recht drastisch führen die zentral ausgewerteten und an Ulbricht weitergeleiteten Meldungen der SED-Führung vor Augen, was viele Menschen in Ost-Berlin vom »antifaschistischen Schutzwall« tatsächlich halten.

Wollankstraße, Bezirk Pankow, am Morgen des 13. August, 10.30 Uhr. Der Informant berichtet: »So schrie eine Frau: ›Gehen wir doch in die Straßenmitte und machen einen gewaltsamen Durchbruch. Wir sind alles Deutsche, wir wollen rüber zu unseren Brüdern.‹ Andere Jugendliche brüllten: ›Eine Schande, daß ihr Euch dafür hergebt, die Grenze zu bewachen und uns nicht hinüberzulassen. Ihr seid keine Deutschen.‹«

Etwas kleinlaut heißt es in einem Bericht aus Weißensee, ebenfalls vom 13. August: »Es gibt eine ganze Reihe, doch im Verhältnis doch nur einzelne, offene Zustimmungserklärungen.« Und: »Es gibt eine ganze Anzahl von negativen Äußerungen. Sie haben im wesentlichen folgenden Inhalt: – Vertiefung der Spaltung durch uns, – Beschränkung der Freiheit, – das ist keine Demokratie, in einer Anzahl Gesprächen kommt erneut die Kriegsangst zum Ausdruck.«

An vielen Orten greift das Regime bei den ersten Ansätzen von Kritik hart durch: »Auf dem Bahnhof Schönhauser Allee wurde ein Provokateur verhaftet, der u.a. auftrat: ›Bei uns gibt es keine Demokratie‹, und er wird schon ein Loch finden, wie er rüberkommt.«

»In der Straßenbahnlinie 69 E wurde in der Nähe des Tierparks von einem BVG-Angehörigen ... provoziert: ›Die müssen aber Angst haben, 300 Panzer sind im Einsatz und die Schienen haben sie aufgeschweißt.‹ Als ihm ein Genosse entgegentrat, jammerte er um Bananen für seine Kinder usw. ... Der Genosse wurde darauf hingewiesen, wie mit solchen Provokateuren in Zukunft zu verfahren ist.«

Wie die »Informationsberichte« zeigen, gibt es vielfältige Formen des Protests: »Im PKB Kohle wurde ein Mitglied der Kampfgruppe verhaftet, weil er sich in provokatorischer Weise gegen die Partei und Regierung äußerte und Befehle verweigerte. An einigen Punkten gab es ›Zufälligkeiten‹ mit Arbeitspausen, gerade zu der Zeit, als der DGB in Westberlin zum sogenannten Proteststreik aufrief. Z.B. im VEB Heizkraftwerk wurde zu dieser Zeit der Riemen an einer Maschine ... ausgewechselt, so daß die Maschinen ausfielen. Auch im VEB Milchhof wurde um 11.00 eine Maschine repariert

November 1961: Am Potsdamer Platz wird die Grenze durch Tarnnetze und Panzersperren verstärkt.

und bewirkte damit eine ... Arbeitsstille. An der Werkmauer des OWL, Treptow, wurde in den Mittagsstunden des 15.8. die Losung angemalt: ›Jetzt haben wir das Zuchthaus in Berlin.‹ Die Täter wurden noch nicht ermittelt.«

Die SED schickt in den kritischen Tagen auch mehrere Dutzend »Agitatoren« auf die Straße, die sich in Diskussionen einmischen und größere Menschenansammlungen zerstreuen sollen. Sie haben keinen leichten Stand.

Vereinzelt kommt es zu offener Verweigerung: »Der Genosse Danis von der Brigade Drolshagen hat verweigert, an der Sektorengrenze zu mauern. Er wurde sofort von der Brigade isoliert, sein Dokument (SED-Parteibuch, d.Verf.) ... wurde ihm später abgenommen.«

Und es gibt auch offenen Protest und Befehlsverweigerung von Volkspolizisten und Grenzposten. So erscheint am 15. August ein Offizier der Volkspolizei nicht zum Dienst. »Obwohl er in der Aussprache auf sein politisch falsches Verhalten hingewiesen wurde, reagierte er mit der Abgabe des Parteidokumentes und Dienstbuches darauf. Die erforderlichen Maßnahmen wurden veranlaßt.« Nach einer für Ulbricht gemachten Aufstellung wurden bis Ende August im Zusammenhang mit Protesten gegen die Grenzschließung allein in Ost-Berlin 2 192 Personen festgenommen, 691 Personen für längere Zeit inhaftiert. Durch den gezielten Einsatz von Polizei und Stasi gelang es der SED-Führung bis etwa Oktober 1961, Kritik und Protest weitgehend zum Schweigen zu bringen.

Schüsse auf Flüchtlinge

Nach Schließung der Grenzen geraten zahlreiche Ost-Berliner und DDR-Bürger in Panik. »Jetzt oder nie« sagen sich viele und entschließen sich zur spontanen Flucht. In den Tagen und Wochen nach dem 13. August kommt es zu einem makabren Wettlauf zwischen Flüchtlingen und den Grenztruppen, die Stacheldraht und Mauer immer unüberwindlicher zu machen suchen. Die Flüchtenden überspringen den Stacheldraht, kriechen durch Absperrzäune, durchbrechen mit Fahrzeugen die Grenze oder schwimmen durch Spree und Teltow-Kanal. Bis Mitte September gelangen auf diese Weise noch mehr als 600 Menschen, darunter ganze Familien mit Kindern, nach West-Berlin.

Besonders spektakulär verlaufen Fluchtaktionen an der Bernauer Straße, wo die Fassaden mehrerer Wohnhäuser die Sektorengrenze bilden. Unter den Augen dort versammelter West-Berliner nutzen viele Ost-Berliner diese Häuser zur Flucht. Sie springen aus den Fenstern, seilen sich ab oder lassen sich in Sprungtücher der West-Berliner Feuerwehr fallen. Wiederholt kommt es dabei zu dramatischen Situationen, beispielsweise am 24. September 1961, als Volkspolizei und Stasi-Leute eine 77-jährige Frau, die bereits aus einem der Fenster geklettert ist, zurückzuzerren versuchen. Am 22. August 1961 springt die 59-jährige Ida Siekmann in der Bernauer Straße aus dem dritten Stock, verfehlt eine bereit gelegte Matratze und erleidet bei dem Aufprall tödliche Verletzungen. Ein 57-jähriger Mann erleidet am 19. August beim Abseilen schwere Verletzungen, an deren Folgen er am 17. September 1961 stirbt. Diese Flüchtlinge sind die ersten Todesopfer an der Berliner Mauer.

Als Gegenmaßnahme verfügt die Volkspolizei, dass ab 24. September 1961 die rund 2 000 Bewohner der Bernauer Straße innerhalb von vier Tagen ihre Wohnungen zu räumen haben. Hauseingänge und Fenster werden zugemauert. Die SED-Kreisleitung fordert sämtliche Mieter in der Bernauer Straße, der Luckauer und der Liesenstraße umzusiedeln. »Eher wird es in diesem Gebiet, was die Grenzdurchbrüche betrifft, keine Ruhe geben.«

Am 15. August werden Journalisten an der Bernauer Straße Zeugen einer Aufsehen erregenden Flucht: Einer der Grenzpolizisten verhält sich merkwürdig. Mehrmals tritt er an die Stacheldrahtbarriere und drückt sie mit der Hand ein Stück herunter. Der Grenzer nähert sich dem Stacheldraht, einige Minuten verstreichen, dann geht es blitzschnell. Er nimmt Anlauf und überspringt den Stacheldraht. Noch im Sprung lässt er seine MP fallen, dann verschwindet er in einem Mannschaftswagen der West-Berliner Polizei. Das Bild des ersten geflüchteten Grenzpolizisten, des 19-jährigen Conrad Schumann, geht um die Welt.

An den Sperr- und Bewachungsmaßnahmen sind im August 1961 rund 18 000 Mann (NVA, Volkspolizei, Angehörige der Kampfgruppen, Grenzpolizei, Transportpolizei) beteiligt. Den Inhalt ihres Auftrags haben sie erst unmittelbar am Einsatzort erfahren; mit den physischen und psychischen Belastungen ihres Dienstes müssen sie zunächst allein fertig werden. Die Einsatzleitung um Honecker hat zunehmend Grund zur Sorge um Motivation und psychische Verfassung der Grenzsoldaten. Fälle von Fahnenflucht häufen sich. Mit der Moral der Posten steht es nicht zum besten. Am 18. August wird gemeldet, dass die »parteipolitische Arbeit mit den Sicherungskräften« noch »nicht befriedigend« sei.[8] Umgehend wird der bewährte Propagandist Karl-Eduard von Schnitzler abkommandiert, um die wacklige ideologische Haltung der Truppen zu stärken. Auch das kann aber nicht verhindern, dass die Zahl der Desertionen weiter zunimmt.

Allein in den ersten sechs Wochen nach Grenzschließung flüchten 85 DDR-Grenzpolizisten in Berlin in den Westen. Als Konsequenz aus der hohen Zahl der Fahnenfluchten werden die politisch-ideologische Schulung der Grenztruppen intensiviert und Überwachung und Sanktionen in den Grenzregimentern verstärkt. Es sollen fortan nur noch Zweier- oder Dreier-Patrouillen, zur gegenseitigen Kontrolle, eingesetzt werden.

15. August 1961: Der Volkspolizist Conrad Schumann entschließt sich zur Flucht.

Am Nachmittag des 24. August 1961 läuft der 24-jährige Schneider Günter Litfin am Bahnhof Friedrichstraße unterhalb der Bahngleise in Richtung Grenze. Ein Posten der DDR-Transportpolizei (Trapo) fordert ihn auf, stehenzubleiben und gibt zwei Warnschüsse ab. Litfin springt ins Wasser des Humboldthafens, um schwimmend nach West-Berlin zu gelangen. Militärisch knapp und kalt schildert der Bericht des Trapo-Abschnittleiters das weitere Geschehen: »Nachdem eine MPI-Salve von drei Schuß einige Meter vor dem Grenzverletzer ins Wasser abgefeuert wurde und dieser nicht umkehrte, erfolgte die Abgabe von zwei gezielten Schüssen, worauf der Grenzverletzer unterging.«[10] Zwei Stunden später wird die Leiche von Vopos aus der Spree geborgen.

Fluchtversuche – im Jargon der Grenztruppen »Grenzdurchbrüche« genannt – werden zunehmend schwieriger und gefährlicher. Am 29. August wird ein Mann beim Versuch, den Teltow-Kanal zu durchschwimmen, erschossen. Am 13. Oktober wird ein Flüchtling an der Grenze zwischen Potsdam-Babelsberg und West-Berlin von Angehörigen der Transportpolizei erschossen. Bis Ende Oktober 1961 kommen an der Grenze zu West-Berlin 15 Menschen zu Tode.

Jede bekannt gewordene Flucht wird von den Grenztruppen der DDR genau registriert. Benutzte Hilfsmittel, z.B. PKW oder Boote, werden ebenso festgehalten wie die näheren Umstände der Flucht. Diese Informationen werden von den Führungsstäben ausgewertet und den Planungen zum weiteren Ausbau der Grenzbefestigungen zugrundegelegt. Obwohl die Organisierung des Grenzregimes und der weitere Ausbau der Sperranlagen rasch voranschreiten, verzeichnen die Grenztruppen allein bis zum 18. September 1961 insgesamt 216 Durchbrüche mit 417 beteiligten Personen. Auf einer Sitzung des »Zentralen Stabes« am 20. September 1961 moniert Honecker namens des Politbüros »noch bestehende unzulängliche Pioniermaßnahmen zur Sicherung der Staatsgrenze in Berlin«. Den Kommandeuren der Grenztruppen gibt er

Der Sprung in die Freiheit – ein Bild, das um die Welt ging. (Foto: Peter Leibing)

die Anweisung, an der Grenze künftig konsequent durchzugreifen. »Alle Durchbruchsversuche müssen unmöglich gemacht werden.«[11] Zur Verhinderung von Fluchtversuchen sollte, laut Protokoll der Politbürositzung vom 22. August 1961, wenn es keine andere Möglichkeit zur Festnahme mehr gebe, auch gezielt geschossen werden. »Gegen Verräter und Grenzverletzer ist die Schußwaffe anzuwenden. ... Beobachtungs- und Schußfeld ist in der Sperrzone zu schaffen.«

Eine Grenztruppen-Statistik listet für den Monat Oktober 1961 trotzdem noch 85 »Grenzdurchbrüche« auf (»49 einfache Fälle; 36 schwere Fälle«), bei denen insgesamt 151 Personen (in den Akten genau nach Geschlecht und Alter aufgeteilt) die Flucht nach West-Berlin gelang. In der Kategorie »Richtung« sind zwei Spalten aufgeführt: »DDR – West« und »West – DDR«. Letztere bleibt allerdings leer. Als häufigste Fluchtmethoden werden in der Statistik »Zerschneiden« oder »Durchkriechen der Drahtsperre« und »Überklettern der Mauer« genannt.

Fraglos waren die Grenzposten verpflichtet, zur Verhinderung von »Grenzdurchbrüchen« in letzter Konsequenz auch gezielte Schüsse abzugeben. Dies sollte aber nach dem Willen der Verantwortlichen in Partei und Militär nur ultima ratio sein; nicht zuletzt mit Blick auf den Schaden für das internationale Ansehen der DDR sollten Schüsse an Mauer und innerdeutscher Grenze möglichst vermieden werden. Das Grenzsicherungssystem wird auch darum immer tiefer gestaffelt und engmaschiger gestaltet – mit mehreren Sperrzonen, dem Einsatz von »Freiwilligen Helfern« etc. –, um zu verhindern, dass Flüchtlinge überhaupt in die Nähe von Sperrzaun und Mauer gelangen.

Im Mai 1962 kommt es bei einem spektakulären Zwischenfall an der Mauer zu einem regelrechten Feuergefecht zwischen DDR-Grenzern und West-Berliner Polizis-

Appell der »Kampfgruppen der Arbeiterklasse« am 23. August 1961. Ulbricht (vorn), Honecker (2. v. l.) und Verner (4. v. l.) danken für »vorbildlichen Einsatz«.

ten. Ein erst 15-jähriger Junge aus Thüringen, Wilfried T., springt gegen 17.45 Uhr in den Spandauer Schifffahrtskanal, um nach West-Berlin zu schwimmen. DDR-Grenzposten eröffnen das Feuer. Trotz mehrerer Schusswunden kann Wilfried T. das westliche Ufer erreichen, wo ihm Transportarbeiter zu Hilfe kommen. Dennoch schießen die DDR-Grenzsoldaten weiter auf den Flüchtling, woraufhin zwei West-Berliner Polizisten das Feuer erwidern. Bei dem heftigen Schusswechsel wird der 21-jährige DDR-Grenzsoldat Peter Göring tödlich getroffen. Insgesamt geben die DDR-Grenzer 121 Schüsse ab.

Im August 1962 führt der qualvolle Tod des Peter Fechter die Monstrosität der Mauer aller Welt mit grausamer Deutlichkeit vor Augen. Mit einem Arbeitskollegen will der 18-jährige Maurergeselle in der Zimmerstraße, unmittelbar am Checkpoint Charlie, in den Westen fliehen. Beide haben den ersten Zaun bereits überklettert, als sie von Grenzposten entdeckt und nach Anruf beschossen werden. Insgesamt fallen 21 Schüsse. Während der Freund die Sperranlagen überklettern kann, bleibt Peter Fechter, in Bauch und Rücken getroffen, unterhalb der Mauer auf östlicher Seite liegen. Die DDR-Grenzer machen keinerlei Anstalten, dem Verblutenden zu helfen. West-Berliner Polizisten können an den um Hilfe rufenden Fechter nicht herankommen, er liegt auf Ost-Berliner Gebiet. In ihrer Hilflosigkeit werfen sie dem Schwerverletzten Verbandspäckchen zu. Auch am Checkpoint Charlie diensttuende amerikanische Soldaten schrecken davor zurück, Ost-Berliner Gebiet zu betreten, um dem Verwundeten erste Hilfe zu leisten. Auf der Westseite der Mauer sammeln sich Hunderte von West-Berlinern, die in ohnmächtiger Wut und Empörung die DDR-Grenzer beschimpfen und zur Hilfeleistung auffordern. Sie beschwören die Amerikaner einzugreifen. Vergeblich. In lauernder Starre stehen sie

Amerikanische Soldaten sichern mit einer Panzerfaust den Grenzübergang ›Checkpoint Charlie‹ in der Friedrichstraße.

sich gegenüber – West-Polizisten, die nicht helfen können, DDR-Grenzer die nicht helfen wollen, nicht helfen dürfen? Nach einer Stunde wird der leblose Peter Fechter von DDR-Grenzpolizisten weggetragen. Kein Zwischenfall an der Mauer hat die Berliner so aufgewühlt wie das langsame Sterben des Peter Fechter. In den folgenden Tagen kommt es in West-Berlin zu wütenden Protestdemonstrationen. Aufgebrachte Menschen werden gegen Sowjetsoldaten handgreiflich, auf den Bus, der sowjetische Soldaten zum Ehrenmal im Tiergarten fährt, fliegen Steine. Auch die Alliierten bekommen den Zorn zu spüren. Erstmals gibt es Beschimpfungen und sogar Tätlichkeiten gegen amerikanische Militärangehörige.

Warum haben die DDR-Grenzsoldaten dem verblutenden Fechter nicht geholfen? Ein Aspekt dieser nie geklärten Frage ist,

25 08 06

264

Ministerium des Innern
Bereitschaftspolizei
1. Grenzbrigade (B)
- Leiter Operativ -

O.U., den 18.10.1961

An das
Kommando der Bereitschaftspolizei
Leiter Operativ
Oberstleutnant Z i e s c h o w

Betr.: Schußwaffengebräuche bei Grenzdurchbrüchen und versuchten Grenzdurchbrüchen in der Zeit vom 13.08. - 10.10.1961

Bezug: Telefonische Anweisung vom 17.10.1961

Z e i t	Warnschüsse	Zielschüsse	erzielte Wirkung
13.08 - 31.08.	3	1	1 Toter
01.09.- 10.09.	-	-	-
11.09.- 20.09.	6	3	2 Verletzte
21.09.- 30.09.	29	10	9 Verletzte 29 Festnahmen
01.10.- 10.10.	12	4	1 Toter 2 Verletzte 11 Festnahmen
Gesamt	50	18	2 Tote 13 Verletzte 40 Festnahmen

Am 24. August 1961 fielen die ersten tödlichen Schüsse auf einen Mauer-Flüchtling.

dass auch sie wahrscheinlich Angst hatten. In den vorangegangenen Wochen waren zwei DDR-Grenzsoldaten durch Schüsse eines Flüchtlings – eben am Checkpoint Charlie, dem Ort, an dem Peter Fechter umkam –, im anderen Fall bei einem Schusswechsel mit West-Berliner Polizisten getötet worden.

Der Tod Peter Fechters bewirkte bei der West-Berliner Bevölkerung und den Politikern eine Bewusstseinsveränderung. Die Zurückhaltung der Amerikaner hatte gezeigt, dass es zuallererst Aufgabe der Berliner Politiker sein würde, der Grenze wenigstens einen Teil ihres Schreckens zu nehmen, sie nach Möglichkeit durchlässiger zu machen. Unter den West-Berliner Politikern waren es neben Willy Brandt vor allem Egon Bahr und Heinrich Albertz, die aus dieser schmerzlichen Einsicht konkrete Politik machen wollten.

Potsdamer Platz, November 1961. Allmählich wird die Mauer auch zu einem Besichtigungsobjekt.

IM SCHATTEN DER MAUER

Trennungen

Die Mauer schnitt ins Fleisch einer lebendigen Stadt. Sie trennte Familien, Freundschaften, Liebesbeziehungen. Vor der Grenzschließung hatten täglich Hunderttausende Berlinerinnen und Berliner die Sektorengrenzen passiert, um im anderen Teil der Stadt Verwandte und Freunde zu besuchen, einzukaufen, zum Friseur oder ins Kino zu gehen. Etwa 12 000 West-Berliner arbeiteten im Osten, rund 53 000 Ost-Berliner waren allmorgendlich in den Westteil zur Arbeit gefahren, von den Nachbarn oft scheel angesehen wegen des dort verdienten »Westgeldes«. Mit all dem war es im August 1961 quasi mit einem Hieb vorbei.

Verwandte und Freunde waren mit einemmal entfernt wie auf einem anderen Stern. Am 23. August waren die letzten für West-Berliner offenen Grenzübergänge geschlossen worden. Die DDR verlangte nun von Bewohnern der Westsektoren Passierscheine, die sie am Bahnhof Zoo, also in West-Berlin, ausgeben wollte. Der West-Berliner Senat lehnte das strikt ab, hätte dieser Schritt doch bedeutet, der Regierung der DDR zu gestatten, Hoheitsrechte im Westteil der Stadt auszuüben. Mit der Schließung der Grenzübergänge waren die letzten Kontaktmöglichkeiten innerhalb der Stadt gekappt. Es gab keine Telefonverbin-

Dieses West-Berliner Hochzeitspaar kann die Eltern der Braut nur noch von weitem grüßen.

dungen. Kontakte zu Onkeln und Tanten, Großeltern und Enkeln waren über Stacheldraht und wachsende Mauer nur noch durch Blicke und Rufe möglich.

Winken, wenigstens ein kurzer Blickkontakt über die Mauer – bald ging auch das nicht mehr. Die Sperranlagen wurden immer dichter, das Grenzregime immer strenger. Am 15. August begann die DDR, an mehreren Stellen in der Stadt den Stacheldraht durch eine Mauer zu ersetzen. Sie bestand zunächst aus Hohlbausteinen; ab November 1961 wurden auch Betonplatten übereinander geschichtet. Schrittweise wurde die gesperrte Grenze zur Mauer.

Der Mauerbau hatte auch eine Stabilisierung des Regimes zur Folge: Nun konnten ihm die Menschen nicht mehr weglaufen. Zwar verschärfte die SED nach dem 13. August zunächst die Repressionen – im zweiten Halbjahr 1961 wurden 18 297 politische Urteile gefällt, gegenüber 4 442 im ersten –, doch allmählich lockerte sich der eiserne Griff. Und als ab 1963/64 auch die wirtschaftliche Lage und der Lebensstandard sich zwar langsam, aber stetig verbesserten, erleichterte das vielen Menschen in der DDR ein Arrangement mit den Verhältnissen. Der Schriftsteller Günter de Bruyn rückblickend: »Trotzdem mußte man mit ihr leben, konnte sich nicht über Jahre, Jahrzehnte, weil man den Schritt nach Westen nicht rechtzeitig getan hatte, einen entschlußlosen Dummkopf schelten, konnte sich nicht ewig nach dem Kurfürstendamm oder dem Britzer Dorfteich verzehren, nicht ständig als schmerzlich empfinden, daß man den Taunus, den Odenwald ... nicht mehr erleben konnte und daß Kopenhagen, Paris oder Rom einem für immer verschlossen

In den ersten Wochen duldet die DDR-Volkspolizei noch, dass sich die Menschen über die Mauer zuwinken.

waren. Man mußte vergessen, daß die häufig besuchte Ackerstraße ... noch eine Fortsetzung nach Norden hatte ..., und wenn man unter dem Straßenpflaster in Fünf-Minuten-Abständen die U-Bahnen von Westen nach Westen rasseln hörte, mußte man irgendwann einmal aufhören zu denken: Ach, wer doch da mitfahren könnte, nach Tegel oder Neukölln. Um eingesperrt überhaupt leben zu können, mußte man so zu leben versuchen, als gäbe es die Absperrung nicht.«[12]

Nahezu die gesamte Infrastruktur der Stadt wurde durch die Mauer abgeklemmt. Selbst die Kanalisation war durch Sperrgitter gespalten. Besonders krass war der Einschnitt ins S- und U-Bahnnetz, eine der Lebensadern Berlins. Für die West-Berliner war nunmehr bereits in Gesundbrunnen, Wannsee, Sonnenalle oder Lichtenrade Endstation; für Ost-Berliner in Friedrichstraße. »Einreise« nach Ost-Berlin ohne Ausweis, ohne Kontrolle. Auch das gab es in der an Absurditäten nicht armen Mauerstadt Berlin. Zu diesen Absurditäten der Teilung zählte der S-Bahnhof Wollankstraße an der Nord-Süd-Strecke. Er lag im Ost-Berliner Bezirk Pankow, unmittelbar an der Grenze zum Wedding, und konnte doch nur von West-Berlinern betreten werden. Ein Schild machte die Fahrgäste eindringlich aufmerksam: »Achtung! Dieser Eingang und der Bahnhof liegen im Sowjetsektor«.

»Halt! Grenzgebiet!« – Wohnen und arbeiten an der Mauer

Mehr als 120 000 Menschen wohnten und arbeiteten auf Ost-Berliner und DDR-Gebiet in unmittelbarer Nähe der Mauer. 120 000 potentielle Flüchtlinge – oder

Passierscheinkontrolle im Ost-Berliner »Grenzgebiet« durch einen »Freiwilligen Helfer«.

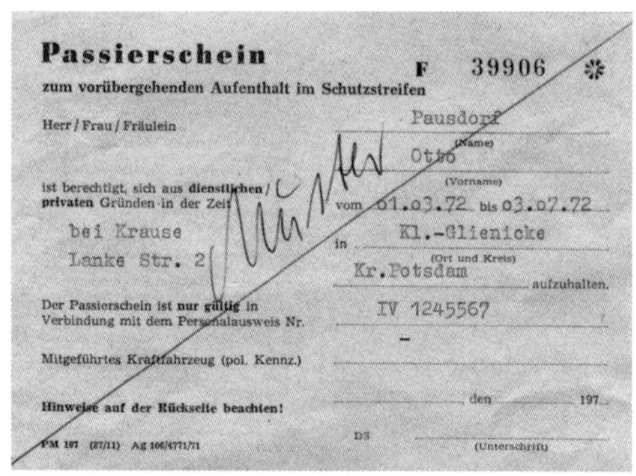

Passierschein F 39906

zum vorübergehenden Aufenthalt im Schutzstreifen

Herr / Frau / Fräulein Pausdorf (Name)

Otto (Vorname)

ist berechtigt, sich aus dienstlichen / privaten Gründen in der Zeit vom 01.03.72 bis 03.07.72

bei Krause
Lanke Str. 2

in Kl.-Glienicke (Ort und Kreis)
Kr.Potsdam aufzuhalten.

Der Passierschein ist nur gültig in Verbindung mit dem Personalausweis Nr. IV 1245567

Mitgeführtes Kraftfahrzeug (pol. Kennz.) –

Hinweise auf der Rückseite beachten!

........, den .... 197..

DS (Unterschrift)

PM 197 (87/11) Ag 106/4771/71

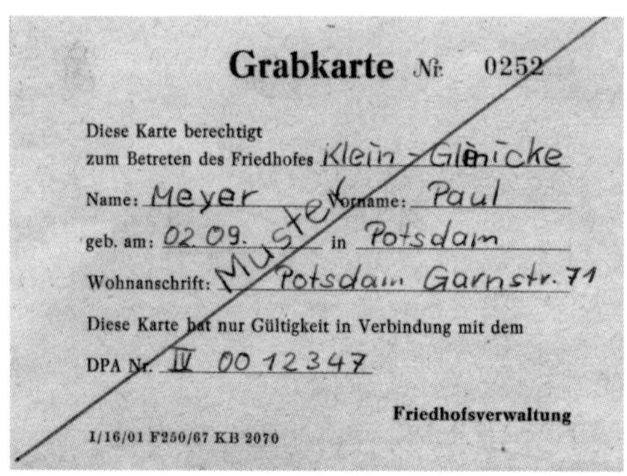

Grabkarte Nr. 0252

Diese Karte berechtigt
zum Betreten des Friedhofes Klein-Glienicke

Name: Meyer Vorname: Paul

geb. am: 02.09. in Potsdam

Wohnanschrift: Potsdam Garnstr. 71

Muster

Diese Karte hat nur Gültigkeit in Verbindung mit dem

DPA Nr. IV 0012347

Friedhofsverwaltung

I/16/01 F250/67 KB 2070

Wer im »Grenzgebiet« wohnte, arbeitete oder dort einen Friedhofsbesuch machen wollte, musste sich Passierscheine oder «Grabkarte« ausstellen lassen.

ebenso viele »Freiwillige Helfer der Grenztruppen«?

Im Juni 1963 wurde offiziell ein »Grenzgebiet« an der Mauer deklariert, das nur mit Genehmigung betreten werden durfte. Es hatte eine Breite von etwa 40 Meter bis zu 1,5 Kilometer, gerechnet von der »Hinterlandmauer«, der ersten Grenzsperre von Osten, die für Ost-Berliner die eigentliche Grenze war. Jene 3,60 Meter hohe Betonmauer, die im Westen als die Mauer galt, bekam die DDR-Bevölkerung bis 1989 nicht zu Gesicht.

An einigen Stellen der »Außenring-Grenze« erstreckte sich das Grenzgebiet bis zu 2,5 Kilometer tief ins Umland. Es war durch Schilder gekennzeichnet: »Halt! Grenzgebiet!« Zufahrtsstraßen und -wege waren meist durch »Blumenkastensperren« blockiert. Die Zugangsregelung wurde restriktiv gehandhabt: »Ausnahmegenehmigungen für Bürger, die den Schutzstreifen aus beruflichen Gründen oder zur Erreichung ihres Wohnortes innerhalb der Sperrzeit passieren müssen, sind nur in eindeutig begründeten Fällen zu erteilen.«[13]

Spontaneität war nie besonders gefragt in der DDR; im Grenzgebiet schon gar nicht. Wer dort wohnende Verwandte besuchen wollte, für den musste dies bei der Volkspolizei beantragt werden – auf die Genehmigung konnte man bis zu vier Wochen warten. Zwar gab es keine festen Kontrollpunkte, doch musste man jederzeit gewärtigen, seinen Sonderausweis bzw. »Berechtigungsschein« vorzuzeigen. Zur Kontrolle berechtigt waren Grenztruppen, Volkspolizei, Stasi-Mitarbeiter und die sogenannten »Freiwilligen Helfer«.

Die Anträge wurden von der Polizei über die Abteilung Inneres zur Kreisdienststelle der Staatssicherheit weitergeleitet. Dort wurden die betreffenden Personenakten genauestens überprüft und die Anträge an die Polizei zurückgeschickt mit den Vermerken »keine Bedenken« oder »abgelehnt« – ohne Begründung.

Ein besonderes »Sicherheitsproblem« waren die im Grenzbereich gelegenen Betriebe. Wiederholt drängte das Grenztruppenkommando auf verstärkte Sperrmaßnahmen: »In Betrieben und an anderen Arbeitsplätzen in Grenznähe sind ... Sicherungs- und Ordnungsmaßnahmen durchzusetzen, die ... eine Ausnutzung der Objekte zu Grenzverletzungen ausschließen. ...«[14]

Auch mehrere Friedhöfe, so der Invaliden- und der Sophien-Friedhof, lagen im Grenzgebiet. Für das Betreten solcher Friedhöfe musste eine spezielle Grabkarte beantragt werden. Handwerker, die in der Nähe der Mauer zu tun hatten, mussten sich zuvor einen grünen »Passierschein zum vorübergehenden Aufenthalt im Grenzgebiet« besorgen.

Nach einer Aufstellung des Verteidigungsministeriums wurden z.B. 1975 für das Grenzgebiet um West-Berlin insgesamt 88 579 Passierscheine ausgegeben. Als sich bei Bewohnern des Grenzgebiets Fluchtversuche häuften, verlangte das Grenztruppen-Kommando Ende 1988, Personen, die einen Ausreiseantrag gestellt hatten, keine Wohnungen mehr im Grenzgebiet zuzuweisen. Dort wohnende »Antragsteller« sollten nach Möglichkeit »umgesiedelt« werden.

Die DDR-Führung wollte im Grenzgebiet eine möglichst lückenlose Kontrolle ausüben und scheute dabei vor rigorosen Methoden nicht zurück. Wohnblöcke wurden abgerissen, um den Grenztruppen »freies Beobachtungs- und Schussfeld« zu verschaffen. Vor allem in den sechziger Jahren wurden umfassende Aussiedlungs- und Abrissarbeiten angeordnet. Dadurch sollten vor allem im Ost-Berliner Stadtgebiet »unübersichtliche« Stellen begradigt werden. Ganze Wohnblöcke und Betriebe wurden im Zuge dieser »Bereinigungsmaßnahmen« abgerissen, das Gelände anschlie-

ßend planiert. Mehrere tausend Personen mussten ihre Wohnungen verlassen.
Dicht an der Mauer zu wohnen stellte für viele, wenn nicht die meisten Betroffenen eine besondere Belastung dar. Ständig den Grenzstreifen vor Augen zu haben, ausgestorben, öde, lebensgefährlich, nachts hell beleuchtet; ständig daran erinnert zu werden, dass die Welt jenseits dieser Mauer versperrt war, wer sollte da nicht ins Grübeln kommen. So gab es neben den allfälligen Kontrollen und Repressionen auch Vergünstigungen für Arbeiter und Bewohner des Grenzgebietes, u.a. eine 15-prozentige Lohnzulage. In grenznahen Kreisen – vor allem an der innerdeutschen Grenze, aber auch im Grenzgebiet um West-Berlin – sollte stets für eine gute »Versorgungslage« gesorgt werden. »Die Sicherung der Versorgung der Bevölkerung in den Grenzkreisen und -gemeinden ist eine Aufgabe von erstrangiger politischer Bedeutung für die Handels- und Dienstleistungsbetriebe. Die Räte der Bezirke und Kreise sind verantwortlich für ... die niveauvolle gastronomische Versorgung und Betreuung.«[15]

Doch sah die Realität oft anders aus. Ein ehemaliger Bewohner des Grenzgebiets: »Es wurden ... immer große Reden über die Versorgung im Grenzgebiet geschwungen, und der krasse Gegensatz war unsere Kaufhalle.« Die Bewohner des Grenzgebiets hatten einiges auszustehen. Die Überwachung war nahezu lückenlos und lästig. »Jede Nacht kamen die Soldaten und guckten in den Keller und auf den Boden. Nachts um zwei hielt das Motorrad mit den Grenzern. Die schlossen auf, in den Keller runter. Wir mußten jeder sogar die Decke, die wir innen vor der Kellertür hatten, wegnehmen oder ein Loch reinschneiden ..., daß sie alles ausleuchten konnten.«[16]

Doch alle Aktivitäten der Grenzschützer konnten nicht verhindern, dass immer wieder Bürger der DDR zu flüchten versuchten.

Mauer in Teltow. Vor Einbrüchen sicher, doch zuweilen mochte Beklemmung aufkommen.

Tunnelfluchten

Einer wollte seine Freundin »rausholen«, ein anderer hatte noch eine Rechnung offen mit der SED, zwei machten mit aus Solidarität und Abenteuerlust. Fünf Monate nach dem Mauerbau schmiedeten Hasso, Ulli, Gigi und Mommo, vier Studenten in West-Berlin, Pläne zur Überwindung der Mauer. Daraus wurde eines der spektakulärsten Fluchtunternehmen überhaupt – und das Fernsehen war live dabei.

Die Kanalisation schied als Fluchtweg aus, da sie mittlerweile durch Sperrgitter abgeriegelt war. Direkte Grenzdurchbrüche wurden immer gefährlicher; es waren bereits mehrere Flüchtlinge erschossen worden. Also ein Tunnel. Mehrere Tage suchten die vier auf West-Berliner Seite das Gelände ab, dann hatten sie einen idealen Ort gefunden: eine halbzerstörte Fabrikanlage an der Bernauer Straße 73.

Im Keller ging es zuerst 7 Meter tief in die Erde, dann geradeaus. Graben rund um die Uhr, 24 Stunden lang, in drei Schichten, Tagesleistung zwischen 1 und 3 Metern, je nach Beschaffenheit des Bodens. Insgesamt waren 41 Männer beteiligt. Für Belüftung sorgte ein improvisiertes System aus Ventilator und Ofenrohren.

Über einen Journalisten hatten die Tunnelbauer Kontakt mit einem US-Fernsehteam bekommen, das von einem frühen Stadium an die Aktion filmte. Auch für die Fernsehleute galt höchste Geheimhaltungsstufe. Sie wurden in einem VW-Bus mit verhängten Fenstern in den Wedding gefahren und mussten den Keller mit verbundenen Augen betreten. 12 000 Dollar waren der Fernsehgesellschaft NBC die Exklusivrechte an der Reportage wert. Geld, das die Tunnelbauer gut gebrauchen konnten.

Anfang September 1962 war der Durchbruch geschafft. Nun hatte die unauffällige Benachrichtigung der Fluchtwilligen zu erfolgen. Diesen riskanten Part übernahm eine junge Frau aus Westdeutschland, da Bürgern der Bundesrepublik im Gegensatz zu West-Berlinern die Einreise nach Ost-Berlin nicht verwehrt war. Sie ging in eine Ost-Berliner Kneipe und bestellte einen Kaffee – das vereinbarte Zeichen. Kaffee gab es zwar gerade nicht, doch die in das Lokal beorderten Flüchtlinge wussten Bescheid. Die Kurierin kippte noch einen Weinbrand und verließ die Gastwirtschaft. Die Gruppe begab sich daraufhin unauffällig in das Haus in der Schönholzer Straße.

Am Tunnelende wartete bereits Hasso – mit einer MPi im Anschlag. Man konnte ja nicht wissen, wer da vor einem stehen würde, wenn die letzte Barriere fiel. Dann der entscheidende Augenblick. Hasso warf sich gegen die Kellertür. Mehrere Menschen starrten ihn ängstlich an. Es konnte losgehen, nacheinander stiegen die Flüchtlinge in den Tunnel und krochen die 150 Meter

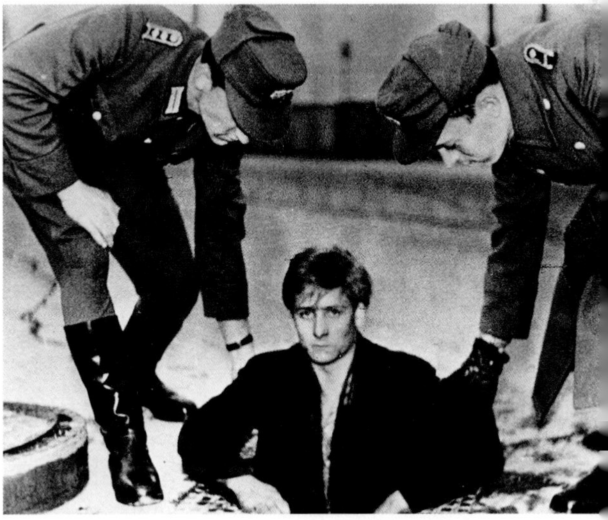

Gestellt? Festnahme-Foto eines Flüchtlings in den Akten der Grenztruppen.

nach Westen. Auch zwei Kleinkinder waren dabei. Insgesamt 29 Menschen kamen an diesem 14. September 1962 an der Bernauer Straße wieder ans Tageslicht, dreckverschmiert, aber überglücklich. Einer der Fluchthelfer hielt seinen fünfmonatigen Sohn zum ersten Mal im Arm. Auch diese Szene wurde vom Fernsehteam des NBC festgehalten.

In den ersten Wochen nach Sperrung der Grenzen hatten viele Menschen noch den direkten Weg zur Flucht genommen. Die Sperranlagen um West-Berlin bestanden zu einem Großteil nur aus Stacheldrahtverhauen und Zäunen, die an vielen Stellen ohne allzu große Anstrengungen, aber stets unter Lebensgefahr zu überwinden waren. Es wurde gezielt geschossen. Dennoch wagten immer wieder Menschen den lebensgefährlichen Schritt.

1962/63 war die hohe Zeit der Tunnelbauer. Die erste große Tunnelflucht gelang nach mehrwöchiger Vorbereitung am 24. Januar 1962 in der Oranienburger Chaussee: 28 Personen krochen unter den Sperranlagen hindurch in den Westen. Überwiegend ältere Menschen gruben nicht weit von dieser Stelle im Frühjahr einen 32 Meter langen, bis zu 1,75 Meter hohen Tunnel. Unter Führung eines 81-jährigen gelangten durch ihn am 5. Mai 1962 zwölf Flüchtlinge nach West-Berlin. Im Juni 1962 gruben sich in Hermsdorf, Britz und Neukölln weitere 25 DDR-Bewohner in den Westen durch.

Doch bald gab es Rückschläge. Mehrere Projekte wurden von den DDR-Grenztruppen vorzeitig entdeckt und Fluchtwillige sowie Helfer verhaftet, wobei zumeist unzureichende Vorbereitung und Tarnung die Gründe waren. Und es fielen auch Schüsse. Am 6. Oktober 1962 wurde in einem enttarnten Fluchttunnel, der von der Elsenstraße in Neukölln gegraben worden war, ein West-Berliner Fluchthelfer niedergeschossen. Einige Wochen zuvor, am 18. Juni 1962, war der DDR-Grenzsoldat Reinhold Huhn in der Nähe des Checkpoint Charlie erschossen worden. Ein 31-jähriger Mann, Rudolf M., hatte vom Gelände des Axel-Springer-Verlags in Kreuzberg aus einen 22 Meter langen Tunnel gegraben, der im Keller eines Hauses in der Ost-Berliner Zimmerstraße endete. Durch diesen Tunnel wollte M. seine Familie in den Westen holen. Als die Gruppe der Flüchtlinge sich dem Tunneleingang näherte, wurde sie von dem DDR-Grenzposten angehalten. Daraufhin zog M. eine Pistole und schoss. Der 20-jährige Grenzsoldat Reinhold Huhn wurde tödlich getroffen.

Es gab ausgesprochene Tunnelbau-Spezialisten. Wolfgang Fuchs war einer von ihnen. »Tunnel-Fuchs« nannte ihn die Presse, die um seine Aktionen einen gewaltigen Rummel verbreitete. In dieser frühen Phase erhielten die Tunnelbauer recht großzügige finanzielle und materielle Unterstützung. Die wichtigsten Geldgeber waren Pressehäuser wie der Springer-Verlag oder die Zeitschrift »Stern«, die sich Exklusivrechte für groß aufgemachte Fotoreportagen sicherten. Durch verdeckte Kanäle gewährten zeitweise auch West-Berliner Senatsstellen Hilfeleistungen. Es war bereits seine siebte Tunnelaktion, die Wolfgang Fuchs im Herbst 1964 mit Studenten der Technischen Universität bewerkstelligte. Vom Keller einer stillgelegten Bäckerei trieben sie in der Bernauer Straße in 12 Meter Tiefe einen Tunnel in Richtung Osten. Wie die meisten anderen Fluchthelfer arbeitete Fuchs in dieser Phase noch aus Idealismus und weitgehend uneigennützig. In monatelanger Arbeit – zumeist in drei Schichten rund um die Uhr – gruben sie einen Tunnel von 145 Metern Länge und 70 Zentimetern Höhe. Insgesamt krochen 57 Flüchtlinge zwischen dem 3. und 5. Oktober 1964 durch die enge Röhre in den Westen. Nach drei Nächten wurde der Tunnel von DDR-Grenzern entdeckt. Es kam zu einem Schusswechsel, bei dem der DDR-Posten Egon Schultz erschossen wurde.

Nach den Schüssen an der Bernauer Straße war die große Zeit der Tunnelfluchten vorbei. Private Geldgeber zogen sich zurück; auch die politische Unterstützung blieb aus, nicht zuletzt infolge der Bemühungen von Senat und Bundesregierung, die Mauer auf politischem Weg durchlässiger zu machen.

Schleusungen und Durchbrüche

Etwa ab 1963 brauchte man zur Flucht nicht nur Wagemut und Phantasie, sondern in zunehmendem Maße auch Geld. Pro Flüchtling mussten bis zu 2 000 DM bezahlt werden. Reich allerdings, so ein halbprofessioneller Tunnelbauer mit dem Decknamen »der Dicke«, reich könne er davon nicht werden. Das Geld gehe fast ausschließlich in den jeweiligen Tunnelbau selbst, für den er einem »Stern«-Reporter Gesamtkosten von 28 000 DM vorrechnete. Und doch: Fluchthilfe wurde allmählich auch zu einem einträglichen Geschäft. In West-Berliner Zeitungen erschienen undurchsichtige Kleinanzeigen, in denen beispielsweise »Hilfe bei familiären Schwierigkeiten« angeboten wurde – weitere Informationen unter Chiffre. Auf diese Weise knüpfte man Kontakte zu West-Berlinern, die Freunde oder Verwandte aus der DDR »herausholen« wollten. Je riskanter das wurde, um so höher stiegen die Preise. 15 000 bis 20 000 DM pro Person

1964: Schaulustige beobachten einen Polizeieinsatz anlässlich der Flucht von 57 Menschen durch einen Tunnel in der Bernauer Straße.

mussten Ende der sechziger Jahre schon locker gemacht werden.

Die professionellen Fluchthelfer entwickelten immer raffiniertere Methoden, um Menschen aus der DDR zu schleusen. Die gängigsten waren präparierte Fahrzeuge und ausländische Pässe. So wurden etwa in den Niederlanden junge Leute angeheuert, die gegen »Gewinnbeteiligung« nach Ost-Berlin einreisten und dort ihren Pass als verloren meldeten. Mit dem Ausweis war inzwischen ein Flüchtling durch die Kontrollen gegangen.

Häufig waren auch Fluchtversuche in präparierten Fahrzeugen. Fluchtwillige und ihre Helfer bewiesen große Findigkeit dabei, erwachsene Personen in kleinsten Verstekken unterzubringen. Sogar in einer BMW-Isetta gelang 1964 nacheinander 9 Personen die Flucht. Doch war bei diesen Fluchten in präparierten PKW die Gefahr, entdeckt zu werden, besonders hoch, weil die DDR-Grenztruppen gescheiterte Fluchtversuche mit Fahrzeugen minutiös analysierten und die Kontrollen anhand von Dokumentationsmaterial weiter verschärften. In einem Rechenschaftsbericht der Grenzbrigade »13. August« an die SED-Bezirksleitung Berlin für das Jahr 1966 heißt es dazu: »Wenn es ... gegnerischen Elementen in Einzelfällen gelungen ist, die Staatsgrenze zu durchbrechen, so war dies erneuter Anlaß, sich kritisch mit Unzulänglichkeiten und hemmenden Faktoren auseinanderzusetzen. Dieser Prozeß hat neue Reserven erschlossen, die zur Erhöhung der Sicherheit an der Staatsgrenze wirksam geworden sind.«[17]

Es war ein gefährliches Geschäft, bei dem alle Beteiligten viel riskierten. Trotz sorgfältigster Vorbereitung und strenger Konspiration schlugen viele Schleuser-Aktionen fehl. Zudem gelang es der DDR-Staatssicherheit immer wieder, in Fluchthelfer-Gruppen Spitzel einzuschleusen. Gefasste Fluchthelfer wurden zu hohen Zuchthausstrafen wegen »kriminellen Menschenhandels« verurteilt. Und die Stasi lernte dazu. Jede Festnahme, jeder Prozess gegen Fluchthelfer brachte neue Informationen, die das Ministerium für Staatssicherheit auswertete und zur Intensivierung der Kontrollen nutzte. Ende der sechziger Jahre war die Hochphase dieser Schleusungen vorbei.

Verschiedene Arten von Fahrzeugen wurden zum einen für das Schleusen versteckter Personen, zum anderen für Durchbrüche durch die Sperranlagen benutzt. Eine besonders spektakuläre Flucht gelang Reichsbahn-Lokführer Harry Deterling. Am Abend des 5. Dezember 1961 traten Deterling, seine Familie und sein Heizer die Flucht erfolgreich auf der Dampflok 78 079 von Oranienburg an. Die Grenztruppen reagierten mit umgehender Verstärkung der Sperranlagen; im Bereich der Grenzbahnhöfe wurden die Gleisanlagen umgerüstet. Nach dem Einbau von »Schutz- und Entgleisungsweichen« waren ab 1966 ungenehmigte Durchfahrten rein technisch nicht mehr möglich.

1966 walzten zwei Ost-Berliner mit einer Planierraupe ein Stück Mauer nieder. Obwohl Grenzsoldaten sofort das Feuer eröffneten, gelangten die Männer mit leichten Verletzungen in den Westen. Am Grenzübergang Sandkrugbrücke war im Mai 1963 der Versuch gescheitert, mit einem Bus Betonbarrieren und Schlagbaum zu durchbrechen. Mehrere Menschen wurden dabei durch Schüsse schwer verletzt.

Angebot einer Fluchthilfeorganisation auf einer Aussichtsplattform an der Bernauer Straße.

Auch der 17-jährige Bodo Kunkel in Ost-Berlin sann nach einer Möglichkeit, die DDR zu verlassen. Schließlich entschied er sich für das größte Vehikel, das je zur Mauerflucht benutzt wurde: den Ausflugsdampfer »Friedrich Wolf«, das Flaggschiff der Weißen Flotte, auf dem Kunkel als Matrose fuhr. Am frühen Morgen des 7. Juni 1962 legte die »Friedrich Wolf« von der Anlegestelle Treptow ab; das Kommando hatten Kunkel und einige Eingeweihte. Der Kapitän und ein Maschinist lagen sturzbetrunken in der Kajüte, von den Flüchtlingen am Abend zuvor mit reichlich Alkohol außer Gefecht gesetzt. Insgesamt befanden sich 12 Flüchtlinge an Bord. In Höhe der Elsenbrücke ging ein Boot der Volkspolizei längsseits. Kunkel wies die Sondergenehmigung zum Befahren der Grenzgewässer vor, sie war in Ordnung. Kurz darauf riss er das Ruder nach backbord, die »Friedrich Wolf« fuhr in den Landwehrkanal Richtung West-Berlin ein. DDR-Grenzposten nahmen das Schiff sogleich unter Beschuss; West-Berliner Polizisten gaben mit mehreren Schüssen Feuerschutz. Obwohl das Schiff getroffen wurde, blieben die Personen an Bord unverletzt. Nach Nerven zerreißenden Minuten erreichten Kunkel und seine Unterstützer West-Berliner Gebiet.

Ein anderer wählte den Weg durch die Luft. Am späten Nachmittag des 28. Juli 1965 schloss sich der Leipziger Diplom-Ökonom Heinz Holzapfel mit seiner Ehefrau und dem 9-jährigen Sohn im Ost-Berliner Haus der Ministerien in der Wilhelmstraße auf einer Toilette ein. Der Südflügel des Gebäudekomplexes, ehemals das NS-Reichsluftfahrtministerium, heute Bundesfinanzministerium, grenzte unmittelbar an das Sperrgebiet. Nach Einbruch der Dunkelheit schleuderte Holzapfel vom Dach des Gebäudes einen umwickelten Hammer über die Mauer, der einen dünnen Perlonfaden mit sich zog. Auf der Westseite wartende Verwandte befestigten an dem Faden ein Stahlseil, das er vorsichtig zu sich nach oben zog. Das Seil befestigte er an einem Fahnenmast auf dem Gebäude. Als erster glitt der Sohn, mit Gurten gesichert, an dieser improvisierten »Seilbahn« über die Mauer. Es folgten

Ein gescheiterter Fluchtversuch auf Dokumentationsfotos der Grenztruppen.

Ehefrau Jutta und schließlich Holzapfel selbst. Von den Grenztruppen wurde die Konstruktion erst am Morgen des nächsten Tages entdeckt.

Immer wieder kam es auch zu Desertionen von Angehörigen der Grenztruppen. Eine der spektakulärsten ereignete sich im April 1963, als DDR-Grenzsoldaten in Berlin-Treptow die Mauer mit einem Schützenpanzer durchbrachen und mit mehreren Kameraden auf einem nachfolgenden LKW in den Westen flüchteten.

Ende 1963 beschloss der Nationale Verteidigungsrat angesichts steigender Zahlen von Fahnenfluchten, u.a. die Arbeitsbedingungen bei den Grenztruppen zu verbessern. Zu den Maßnahmen gehörten höhere Besoldung, verbesserte Warenversorgung, günstigere Beförderungschancen, ein umfassendes Prämien- und Zulagensystem und die Verpflichtung an die Kommandeure, ihre Untergebenen »besser« zu behandeln. Tatsächlich nahm die Zahl der Fahnenfluchten ab; woran neben den Vergünstigungen allerdings auch verschärfte Kontroll- und Repressionsmaßnahmen ihren Anteil hatten.

Die Zahl der fahnenflüchtigen DDR-Grenztruppen-Angehörigen, darunter zahlreiche Offiziere und Kommandeure, wird auf mehr als 2 800 in Berlin und an der innerdeutschen Grenze geschätzt.

»Grenzdurchbrüche sind zu verhindern«

Sinn und Zweck der Mauer war es, die Menschen an der Flucht in den Westen zu hindern, auch wenn die SED-Propaganda stets vom »antifaschistischen Schutzwall« und vom Auftrag der Abwehr des »westlichen Imperialismus« sprach. »Grenzdurchbrüche sind nicht zuzulassen«, lautete ebenso knapp wie eindeutig die zentrale Forderung in den Grundsatzbefehlen des Verteidigungsministers für das Grenzregime. Im Westen war stets die Rede von »Mauer und Stacheldraht«, doch die Grenze bestand schon bald aus weit mehr Elementen: aus KFZ-Sperren, Signalzäunen, Kolonnenwegen, Hundelaufanlagen, Beobachtungstürmen, Erdbunkern, Boden- und Splitterminen, die allerdings nur an der innerdeutschen Grenze ausgelegt wurden.

Insgesamt gab es grob drei Ausbaustufen der Grenzanlagen in und um Berlin:

1. Ausbaustufe von 1961 bis 1968;
2. Ausbaustufe von 1968/69 bis 1980;
3. Ausbaustufe von 1981 bis 1989.

Die ersten Sperren in Berlin am 13. August 1961 waren Stacheldrahtbarrieren und bewaffnete Grenzpolizisten und Betriebskampfgruppen. Mit dem Bau einer Mauer wurde am 15. August begonnen. An mehreren Stellen im Innenstadtbereich errichteten Bauarbeiter aus Blocksteinen und Ziegeln eine etwa mannshohe Mauer, von DDR-Grenzsoldaten streng bewacht. Diese »Mauer der 1. Generation« – eine im Westen gebräuchliche Zählweise; insgesamt unterschied man bis 1989 vier »Generationen« – war noch unregelmäßig gemauert und durchschnittlich 30 Zentimeter dick. Aufgesetzte Stacheldrahtsperren sollten das Überklettern erschweren. Den Beobachtungstürmen sah man an, dass sie in Eile aus Holzbalken und -latten zusammengezimmert waren.

Rasch stellte sich heraus, dass die erste Mauer Durchbruchsversuchen mit schweren Fahrzeugen nicht standhielt. An besonders »gefährdeten« Stellen wurde sie deshalb schon nach einigen Wochen auf bis zu 1 Meter Dicke verstärkt, wobei man u.a. übereinander geschichtete Betonplatten verwendete.

Im November 1961 begannen NVA-Pioniere in der Nähe des Checkpoint Charlie damit, die noch »improvisierte« erste Mauerversion durch die »Mauer der 2. Generation« zu ersetzen bzw. zu verstärken. Diese sollte an einigen im Westen besonders belebten Stellen, beispielsweise am Brandenburger Tor und am Checkpoint Charlie, nicht zuletzt das »Erscheinungsbild« der Mauer verbessern – ein Thema, mit dem sich SED-Führung und Grenzkommandos über die Jahrzehnte immer wieder beschäftigten.

Anfang 1962 begannen Pioniereinheiten mit der Anlage eines Kolonnenweges entlang der Grenzbefestigungen. Die Grenzposten sollten beweglicher werden und bei Anzeichen für »Grenzdurchbrüche« schneller am Ort des Geschehens sein. Gleichzeitig wurden die ersten Hundelaufanlagen eingerichtet.

Die DDR-Führung war in den ersten Monaten noch sehr unzufrieden mit dem Grenzregime, sowohl mit den Sperranlagen selbst, als auch mit Moral und Ausbildungsstand der Grenztruppen. In einem Befehl vom 14. Dezember 1961 redete DDR-Verteidigungsminister Hoffmann Klartext: »Die Organisation der Grenzsicherung entspricht noch nicht voll den Forderungen, jegliche Grenzdurchbrüche zu verhindern. ...Die Gefechtsausbildung als die Voraussetzung für die erfolgreiche Sicherung der Staatsgrenze wurde gröblichst vernachlässigt, sie

Die Sperranlagen am Brandenburger Tor werden durch Aufstellung von Lochplatten aus dem Straßenbau verstärkt.

erfolgt unorganisiert und zeigt ein niedriges Niveau, was zu Mängeln im Verhalten der Soldaten während des Grenzdienstes führte. ... Die Soldaten sind durch systematische Vorbereitung zu treffsicherem Schießen in allen Anschlagsarten, besonders auf bewegliche Ziele, bei Tag und Nacht auszubilden.«

Noch deutlicher wurde der Befehl 101/62 vom 23. November 1962. Im Zusammenhang mit der Forderung nach besserer Schießausbildung heißt es dort, die Grenzposten müssten fähig sein, »jedes unbewegliche und sich bewegende Ziel mit dem ersten Schuß (Feuerstoß) bei Tag und Nacht zu vernichten.«[18]

Die Befehle 101 waren von zentraler Bedeutung für das Grenzregime. Ausgegeben wurden sie vom Minister für nationale Verteidigung, der darin meist für den Zeitraum eines Jahres die Richtlinien für den »pioniertechnischen Ausbau der Sperranlagen« sowie die militärische und ideologische Ausbildung festlegte.

Das »Handbuch für Grenzsoldaten« aus dem Jahr 1965 enthält unter der Überschrift »Schußwaffengebrauchsbestimmungen für die Wachen, Posten und Streifen der Nationalen Volksarmee (DV-10/4)« folgende Bestimmung: »Von der Schußwaffe darf nur Gebrauch gemacht werden ...

d) auf eigenen Entschluß durch Wachen, Posten und Streifen sowie andere zeitweilige oder ständige Waffenträger, wenn andere Mittel nicht oder nicht mehr ausreichen, um Handlungen, die eindeutig auf Verrat gegenüber der Arbeiter- und Bauernmacht gerichtet sind, zu unterbinden ...«[19] Gemeint war nichts anderes als Fluchtversuch.

Ein Grenzoffizier äußerte sich 1991 rückblickend zum Schusswaffengebrauch: »Es gab täglich Vergatterung, da hieß es eindeutig, Grenzverletzer sind festzunehmen beziehungsweise zu vernichten. Mit Anwendung der Waffe. In der Schußwaffenverordnung stand eindeutig drin, Anrufen, Warnschuß, gezielter Schuß, der den Grenzverletzer an der weiteren Fortbewegung hindert.«[20]

Dass der Tod von Flüchtlingen in Kauf genommen wurde, geht auch aus dem »Gesetz über die Staatsgrenze der DDR« vom 25. März 1982 hervor. Dort heißt es unter § 27 (»Anwendung von Schußwaffen«) u.a.: »... bei Anwendung ist das Leben von Personen nach Möglichkeit zu schonen.« Nach Möglichkeit.

Ende eines Fluchtversuchs im Bezirk Mitte, 1971.

In der Praxis lagen die Bestimmungen zum Schusswaffengebrauch in einer Grauzone, in der die konkrete Entscheidung den unteren Dienstgraden, letztlich den Grenzposten selbst aufgebürdet wurde. Ein früherer Grenztruppen-Kommandeur: »Die Grenzposten hat man in ihrer Verantwortung allein gelassen. Ich vermute, ganz bewußt allein gelassen. Ich habe mir auch immer überlegt, was ich meinen Soldaten sagen sollte. Ich habe ihnen nie direkt befohlen: ›Ihr habt auf Republikflüchtlinge zu schießen‹, man hat sich vor einer konkreten Aussage gedrückt. Man hat die Verantwortung abgeschoben, das ging ganz oben los und endete bei dem, der draußen stand und nun entscheiden mußte, ob er schießt oder nicht.«[21]

Ausbau der Sperranlagen

Im August 1964, drei Jahre nach dem Mauerbau, waren die Sperranlagen in und um Berlin auf folgendem Stand: Die eigentliche Mauer war auf 15 Kilometer Länge angewachsen; über eine Strecke von 130 Kilometern waren Drahtzäune und -sperren gezogen. Es gab insgesamt 165 Beobachtungstürme, überwiegend Holzkonstruktionen, und 232 Bunker bzw. Schützenstellungen. Der Grenzstreifen war noch nicht durchgehend beleuchtet, ebenso gab es noch keinen geschlossenen Kolonnenweg parallel zur Grenze. Die Kosten für die Sperranlagen beliefen sich zu diesem Zeitpunkt bereits auf insgesamt rund 56,5 Millionen DDR-Mark.

Boden- oder Splitterminen oder Selbstschussanlagen, die an der innerdeutschen Grenze immer wieder zu Todesfällen und schweren Verletzungen von Flüchtlingen führten, gab es an der Berliner Mauer nicht. Einer der Gründe war, dass die DDR-Führung internationale Proteste wegen des Mineneinsatzes fürchtete, die wegen der »engen« Grenze in Berlin besonders scharf ausgefallen wären.

Regelmäßig befasste sich das Politbüro der SED, oberstes Machtzentrum der DDR, mit der Situation an der Mauer und forderte »pioniertechnische« und »militärtaktische« Konsequenzen aus Fluchtaktionen. Im Herbst 1964 wurde Generalmajor Poppe zum Rapport bestellt. Es hagelte Vorwürfe, weil die Spitzenfunktionäre der DDR wegen anhaltend hoher Flüchtlings- und Deser-

Mai 1963. Eine Busflucht am Grenzübergang Invalidenstraße endet im Kugelhagel.

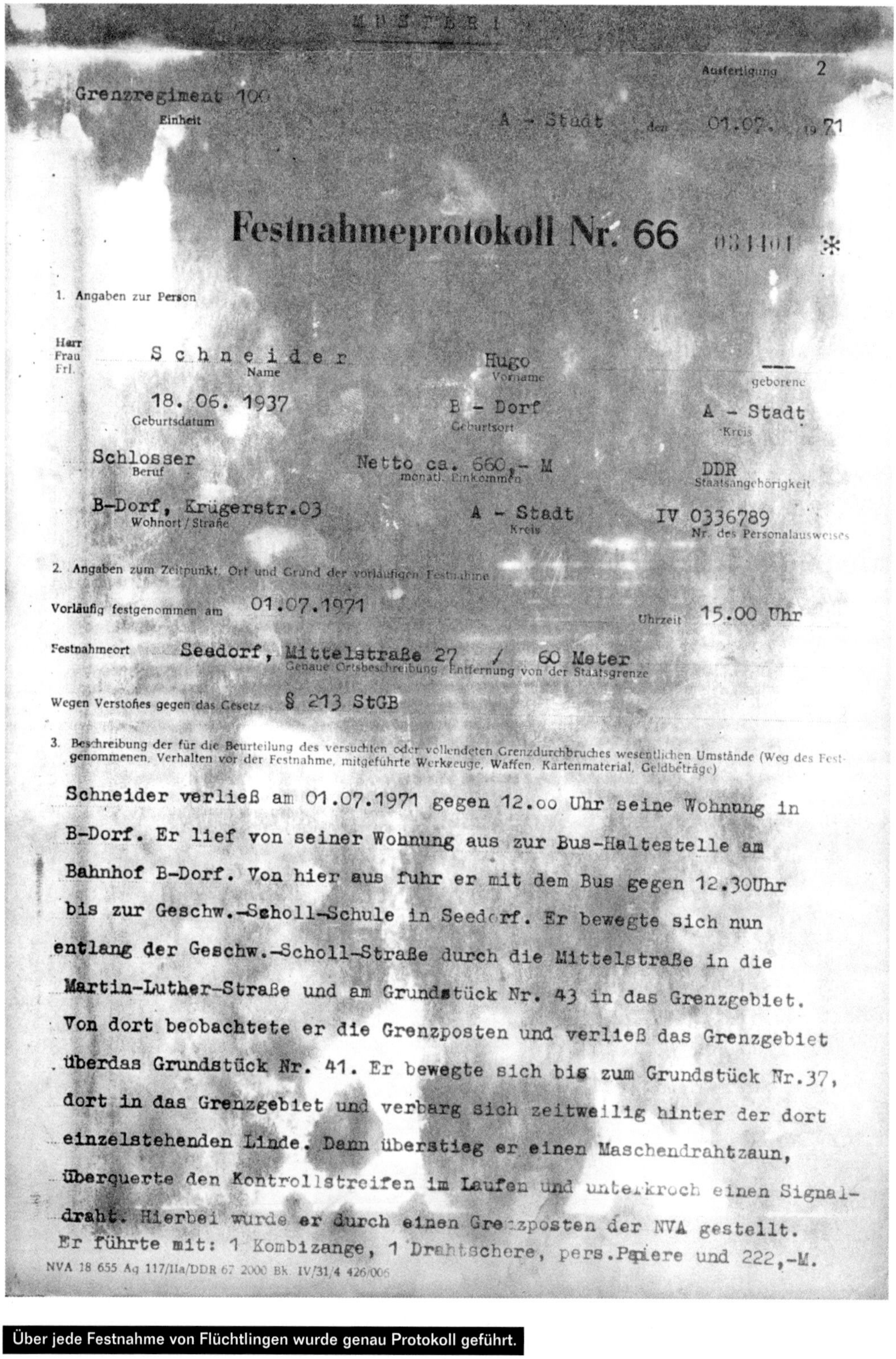

M U S T E R !

Ausfertigung 2

Grenzregiment 100
Einheit

A - Stadt den 01.07. 1971

Festnahmeprotokoll Nr. 66 031401 *

1. Angaben zur Person

Herr / Frau / Frl. S c h n e i d e r (Name) — Hugo (Vorname) — --- (geborene)

18. 06. 1937 (Geburtsdatum) — B - Dorf (Geburtsort) — A - Stadt (Kreis)

Schlosser (Beruf) — Netto ca. 660,- M (monatl. Einkommen) — DDR (Staatsangehörigkeit)

B-Dorf, Krügerstr.03 (Wohnort / Straße) — A - Stadt (Kreis) — IV 0336789 (Nr. des Personalausweises)

2. Angaben zum Zeitpunkt, Ort und Grund der vorläufigen Festnahme

Vorläufig festgenommen am 01.07.1971 Uhrzeit 15.00 Uhr

Festnahmeort Seedorf, Mittelstraße 27 / 60 Meter
Genaue Ortsbeschreibung / Entfernung von der Staatsgrenze

Wegen Verstoßes gegen das Gesetz § 213 StGB

3. Beschreibung der für die Beurteilung des versuchten oder vollendeten Grenzdurchbruches wesentlichen Umstände (Weg des Festgenommenen, Verhalten vor der Festnahme, mitgeführte Werkzeuge, Waffen, Kartenmaterial, Geldbeträge)

Schneider verließ am 01.07.1971 gegen 12.00 Uhr seine Wohnung in B-Dorf. Er lief von seiner Wohnung aus zur Bus-Haltestelle am Bahnhof B-Dorf. Von hier aus fuhr er mit dem Bus gegen 12.30Uhr bis zur Geschw.-Scholl-Schule in Seedorf. Er bewegte sich nun entlang der Geschw.-Scholl-Straße durch die Mittelstraße in die Martin-Luther-Straße und am Grundstück Nr. 43 in das Grenzgebiet. Von dort beobachtete er die Grenzposten und verließ das Grenzgebiet überdas Grundstück Nr. 41. Er bewegte sich bis zum Grundstück Nr.37, dort in das Grenzgebiet und verbarg sich zeitweilig hinter der dort einzelstehenden Linde. Dann überstieg er einen Maschendrahtzaun, überquerte den Kontrollstreifen im Laufen und unterkroch einen Signaldraht. Hierbei wurde er durch einen Grenzposten der NVA gestellt. Er führte mit: 1 Kombizange, 1 Drahtschere, pers.Papiere und 222,-M.

NVA 18 655 Ag 117/IIa/DDR 67 2000 Bk. IV/31/4 426/006

Über jede Festnahme von Flüchtlingen wurde genau Protokoll geführt.

\- 1a -

4\. Verhalten während der vorläufigen Festnahme, Aussagen des Grenzverletzers über seine Absicht, und Einschätzung des Grenzverletzers durch die Grenztruppen:

Verhalten während der Festnahme war ängstlich. Er stand unter leichtem Alkoholeinfluß. Er erklärte, er habe das Leben mit seiner Frau satt und wolle nach Westberlin - Spandau zu einer früheren Freundin von ihm. Seine Aussagen erscheinen nicht überzeugend. Von Westberliner Seite wurde die Festnahme nicht eingesehen.

5\. Vorläufig sichergestellte Gegenstände:

1. Einen Personalausweis
2. persönliche Papiere
3. Eine Kombizange
4. Eine Drahtschere

M 222,- DM-West -.- Valuta —

Geschlossen:

Name
Dienstgrad

Stempel

Kdr. der Einheit, Name, Dienstgrad

Übergabe / Übernahme am 01.07.71 Uhrzeit 17.30 Uhr

Übergeben:

Name, Dienstgrad

Person wurde durchsucht!

Übernommen:

Stempel
der
übernehmenden
Dienststelle

Übernehmende Dienststelle

Name, Dienstgrad

Anmerkung:

Das Festnahmeprotokoll ist ebenfalls für Angehörige der bewaffneten Organe der DDR und der sozialistischen Staaten auszufertigen.
Bei der Festnahme von Familien ist nur ein Protokoll auszufertigen.

Dieses Festnahmeprotokoll diente als Ausbildungsmaterial der Grenztruppen.

teurzahlen stark verstimmt waren. Sie drängten auf weitere Verschärfung des Grenzregimes. Der aufgeschreckte Kommandostab der Grenztruppen entfaltete hektische Aktivitäten.

Im Februar 1965 legte Poppe dem Verteidigungsministerium eine detaillierte Planung »über den perspektivischen Ausbau« der Grenzanlagen bis 1970 vor. Es war ein Dokument geradezu exzessiver Selbstkritik. Die Sperranlagen seien nach dem 13. August 1961, heißt es da, oft »ohne notwendige Erprobung, bei teilweise ungenügender Fachkenntnis der eingesetzten Kräfte« errichtet worden, mit teilweise stark eingeschränkter Sperrwirkung.

Auch über die »politische Wirkung« der Grenze machte Poppe sich in dem Scheiben Gedanken. »Die pioniertechnischen Anlagen tragen oft nicht zur Stärkung des Ansehens der Deutschen Demokratischen Republik in der Weltöffentlichkeit bei.« Anschließend zählt das Grundsatzpapier die wichtigsten Methoden von Flüchtlingen zur Überwindung der Grenzsperren auf:

»– Unterkriechen, Zerschneiden und Übersteigen der Stacheldrahtsperren; ...
– Übersteigen der Sperrmauer mit gegenseitiger Unterstützung ... ;
– Benutzen von Kfz zur Annäherung an die Staatsgrenze«.

Aufgrund dieser Feststellungen sollten bis 1970 auf einer Länge von insgesamt 161,39 Kilometern die Sperranlagen zu West-Berlin umfassend verstärkt werden. Im einzelnen geplant wurden:

1. die Erweiterung und Erneuerung der Mauer
2. teilweise Verstärkung des Grenzzauns
3. Höckersperren
4. Kfz-Sperren (»Escarpe«)
5. Anlage von 121 Kilometern Kolonnenweg
6. Grenzbeleuchtung auf 151 Kilometern
7. Errichtung von 150 neuen Beobachtungstürmen (»Rundblicktürme« vom Typ BT 9 bzw. 11 zum Stückpreis von 30 000 DDR-Mark)
8. Postenhäuser
9. Zweimannbunker (254 Stück)
10. Flächensperren
11. 130 Kilometer Signalzaun
12. rund 100 Kilometer Maschendrahtzaun
13. 52,5 Kilometer Streckmetallzaun
14. 271 Toiletten.[22]

Die Gesamtkosten für diese weitgehend realisierten Maßnahmen wurden mit rund 36,98 Millionen DDR-Mark veranschlagt. Als Kilometer-Preis ergab das 224 000 DDR-Mark.

Es folgten Taten. Ab 1968 machte man sich an die weitest gehende Umsetzung dieser Planungen. Zentrale Maßnahme war die Errichtung der »Mauer der 3. Generation«, die aus industriell hergestellten Betonplatten mit horizontal verlaufenden Fugen und einem aufgesetzten Rohr bestand. Als zusätzliche Barriere für Flüchtlinge stellte man ab 1971 den rund 2,90 Meter hohen Stacheldrahtzaun »Grenzzaun I« auf.

In den siebziger Jahren wurde zudem der Grenzstreifen verbreitert und damit das hintere Sperrelement immer weiter ins Stadtinnere verlegt, um Flüchtlinge möglichst weit vor der eigentlichen Mauer zu stellen. Ab 1974 errichteten die DDR-Grenztruppen eine sogenannte Hinterlandmauer mit »Grenzsignalzaun 74«. Und genau dort – bereits 50 bis 70 Meter vor der »Mauer« – war für die Ost-Berliner »die Welt zuende«. Was im Westen stets als *die* Mauer bezeichnet wurde, das letzte »Sperrelement, feindwärts«, wie es im Grenztruppen-Jargon hieß, bekamen sie bis 1989 gar nicht zu Gesicht. Wenn Ost- und West-Berliner von der Mauer sprechen, haben sie ganz unterschiedliche Bilder im Kopf.

DIE MAUER WIRD DURCHLÄSSIG

Passierscheinabkommen

»Die Mauer muss weg!« In den ersten Monaten nach der Teilung der Stadt war dies die ständig wiederholte Maxime West-Berliner Politik. Doch wie das erreichen unter den Bedingungen des Kalten Krieges, der im Herbst 1962 mit der Kuba-Krise auf einen neuen Höhepunkt zugesteuert war?

Bereits Ende September 1961 mischte sich in die kämpferischen Reden Willy Brandts ein neuer Ton: Es müsse alles getan werden, »damit die Mauer, solange sie nicht beseitigt ist, wenigstens durchlässig wird.« Damit war das Stichwort gefallen: Durchlässigkeit.

Es begann jene »Politik der kleinen Schritte«, die dem Westen so manche Kröte zu schlucken gab. Aber man schluckte sie um der Erleichterungen für die Menschen willen. Auch die »andere Seite«, so der westliche Sprachgebrauch für die DDR, musste in diesem mühseligen Prozess Zugeständnisse machen.

Dem ersten Passierscheinabkommen waren im Dezember 1963 überaus komplizierte Verhandlungen vorangegangen, bei denen es vor allem um Statusfragen ging. Man einigte sich auf ein umständliches Passierschein-Ausgabeverfahren: DDR-Postangestellte nahmen die Anträge in West-Berlin entgegen, bearbeitet wurden sie in Ost-Berlin, um dann in zwölf West-Berliner Schulen und Turnhallen ausgegeben zu werden. Vor den West-Berliner Ausgabestellen für die Anträge bildeten sich lange Schlangen.
In Schnee und Kälte harrten die Menschen oft stundenlang aus, um die begehrten

Passierscheinabkommen Weihnachten 1963: Tränenreiches Wiedersehen am Bahnhof Friedrichstraße.

Scheine in Empfang nehmen zu können. Kaum einer hatte es zu hoffen gewagt, nun war es soweit. Erstmals seit zwei Jahren durften West-Berliner wieder zu Freunden und Verwandten nach Ost-Berlin. Es kam zu tränenreichen Wiedersehensszenen. Schwer bepackte West-Berliner fielen an den Übergangsstellen weinend ihren Verwandten in die Arme. Auf besonderen Antrag durften West-Berliner sogar ihren PKW benutzen; ein außergewöhnliches Bild auf Ost-Berliner Straßen.

Die DDR-Behörden hatten am Bahnhof Friedrichstraße und an der Oberbaumbrücke, zwei von insgesamt fünf Grenzübergangsstellen, ganze Wälder von Abfertigungshäuschen aufgebaut, um den erwarteten Ansturm zu bewältigen. Auffällig war das betont korrekte, ja höfliche Auftreten der DDR-Grenzkontrolleure; amerikanische Journalisten beschrieben geradezu eine »Herzlich-Willkommen-Ihr-West-Berliner-Kampagne«: »Die Grenzposten demonstrierten erneut, wie zügig und reibungslos Passanten und Fahrzeuge abgefertigt werden können.« In anderen Berichten hieß es, »die eingesetzten Grenzposten veranstalteten einen ›Höflichkeitswettbewerb‹«.

Die Besuchsmöglichkeiten waren eng begrenzt, nämlich auf die Zeit vom 19. Dezember 1963 bis zum 5. Januar 1964. Insgesamt wurden in diesen zwei Wochen 1 242 800 Passierscheine für einen Eintagesaufenthalt ausgegeben. Die Einreiseerlaubnis galt von 6 Uhr morgens bis 24 Uhr; es mussten 10 DM zum Kurs 1:1 umgetauscht werden.

Die westliche »Politik der kleinen Schritte«, für die es eines langen Atems und eines gehörigen Maßes an Frustrationstoleranz bedurfte, hatte erste Früchte getragen. Wenigstens für ein paar Tage war die Mauer etwas durchlässiger geworden, wenn auch nur in eine Richtung.

Bei der praktischen Umsetzung des zweiten Passierscheinabkommens zu Weihnachten 1964 hatte sich östlicherseits das Ministerium für Staatssicherheit eine federführende Rolle gesichert. Unter der Bezeichnung »Aktion Gast« wurde in enger Zusammenarbeit von Stasi, Innenministerium und Ministerium für Post- und Fernmeldewesen der Ablauf der Besuchsregelung, von der Ausgabe der Antragsformulare bis zur statistischen Auswertung der Passierscheine, genauestens vorgeplant. Zahlreiche IM (Inoffizielle Mitarbeiter) sollten im Vorfeld die »Stimmung unter den Einsatzkräften« und die »Auswirkungen ... westlicher Zersetzungsversuche« feststellen.

Es gab insgesamt vier Passierscheinabkommen, das letzte zu Pfingsten 1966. Weitere Besuchsregelungen scheiterten an Forderungen Ost-Berlins, auf die der Senat aus statusrechtlichen Gründen nicht eingehen konnte. Der Ostteil der Stadt war für West-Berliner wieder gesperrt. Allerdings arbeitete seit 1964 eine »Passierscheinstelle für dringende Familienangelegenheiten«, die Besuchserlaubnisse u.a. bei Geburten, Hochzeiten, lebensbedrohenden Erkrankungen und Todesfällen enger Verwandter erteilte.

Grenzgänger

Auch das gehörte zum politischen Erscheinungsbild der Mauer: Sie machte Unterschiede. Von Anfang an war die Grenze für bestimmte Personengruppen durchlässig geblieben. Unüberwindlich waren die Sperranlagen für die Bewohner Ost-Berlins und der DDR sowie der anderen Ostblock-Staaten und lange Jahre auch für West-Berliner. Ausländer und Westdeutsche konnten über die Grenzübergangsstellen ebenso nach Ost-Berlin gelangen wie westliche Militärangehörige.

Auch für in Ost-Berlin akkreditierte Diplomaten stellte die Mauer kein Hindernis dar. Einige von ihnen nutzten diese Möglichkeit, sich mitunter durch größere oder kleinere Schmuggelaktionen Zusatzeinnahmen zu verschaffen. Bis in die siebziger Jahre gelangten schätzungsweise mehr als 2 000 Personen im Kofferraum von Diplomatenautos nach West-Berlin, quasi unter den Augen der MfS-Passkontrolleinheiten. Die ahnten zwar etwas von den Schleusungen, durften aber aufgrund des diplomatischen Status der Grenzgänger keine Kontrollen vornehmen.

Ab Mitte der siebziger Jahre war die Mauer auch für einige DDR-Schauspieler, Musiker, Schriftsteller keine unüberwindliche Grenze mehr. Unter den Privilegierten waren die Schriftsteller Jurek Becker, Rolf Schneider, Heiner Müller. Die DDR war nicht zuletzt auch an ihrem Anteil der Deviseneinnahmen interessiert, die diese im eigenen Land als unbequem geltenden Künstler im Westen erzielten.

Einer, der Tag für Tag die Grenze überschritt, war Friedrich Kittlaus, oberster S-Bahner seit 1949. Kittlaus behielt seinen Posten auch nach dem August 1961, obwohl er von der SED als politisch eher unzuverlässig eingeschätzt wurde. Seine Fachkompetenz machte ihn unentbehrlich.
So durfte Kittlaus auch nach dem Mauerbau täglich von seiner Wohnung in West-Berlin mit Dienstwagen und Chauffeur unkontrolliert zu seinen Diensträumen in Ost-Berlin fahren.

Aber nicht nur Kittlaus, auch eine ganze Reihe von Ost-Berliner S-Bahn-Angestellten passierte regelmäßig die Mauer, um im Westteil der Stadt Gleise auszubessern oder Signalanlagen instand zu halten. Selbstredend waren es penibel überprüfte Leute, die in West-Berlin arbeiten durften: keine West-Verwandtschaft, blütenweiße Kaderakte, Familienväter bevorzugt. Ein zehnseitiger Fragebogen sollte Aufschluss geben über »ausgeprägten festen Klassenstandpunkt, Treue zu Partei und Regierung«. Die Auserwählten erhielten einen Ausweis über ihren »Sonderdienstauftrag« und mussten sich zu einem festgesetzten Zeitpunkt wieder im Ost-Berliner Bahnhof Friedrichstraße zurückmelden, andernfalls wurde umgehend eine »interne Fahndung« eingeleitet.

Schwer bepackt streben an der Oberbaumbrücke Besucher aus West-Berlin ihren Verwandten entgegen.

Geisterbahnhöfe

Die verquere Geographie der geteilten Stadt brachte es mit sich, dass eine westliche S-Bahn- und zwei U-Bahn-Linien unter Ost-Berliner Gebiet hindurch verliefen. Unmittelbar nach Sperrung der Grenze wurden die auf Ost-Berliner Gebiet gelegenen Bahnhöfe geschlossen, die Zugänge mit Eisengittern verrammelt, später größtenteils zugemauert. Wie Zeugen einer fernen Vergangenheit standen noch die S-Bahn-Schilder und Treppengitter in den Ost-Berliner Straßen. Die »Mauer« begann für die Ost-Berliner schon hier, an den verriegelten S-Bahn-Zugängen. Der Fahrbetrieb selbst blieb zwischen den West-Berliner Stadtteilen bestehen.

Die meisten (West-)Fahrgäste überkamen unbehagliche Gefühle beim Anblick der verödeten, in schmutzig-gelbes Licht getauchten Bahnsteige Nordbahnhof, Oranienburger Straße, Unter den Linden, Potsdamer Platz. In den S-Bahn-Zügen selbst wurden die Gespräche gedämpfter, wenn sie mit gedrosseltem Tempo durch die schummrigen »Geisterbahnhöfe« fuhren. Wo einst das hektische Leben einer Weltstadt pulsierte, gab es nur noch ausgestorbene Bahnsteige, verrottende Bänke und Fassaden. Hier hatte die Mauer die Zeit stillgestellt.

An einigen Stellen waren noch Hinweisschilder und Werbetafeln vom Sommer 1961 zu sehen; »Riwa Toilette-Seifen«, »Großhandelskontor Technik«, »Richtung Stalinallee – Lichtenberg«, »Richtung Bernau«. Doch da gab es keinen Anschluss mehr. Schemenhaft waren Grenzsoldaten zu erkennen, die mit geschulterten Gewehren die vorbeirollenden Züge musterten.

15 solcher »Geisterbahnhöfe« gab es im Ost-Berliner Untergrund. Grenztruppen und Transportpolizei sorgten auch hier für vollständige Abschottung, wobei einige besondere »Sicherheitsprobleme« zu bewältigen waren. Ein hoher Grenztruppen-Offizier gab später folgende Erläuterungen zur »Grenzsicherung« in diesem Bereich: »Un-

Beobachtungsposten mit Sehschlitz im »Geisterbahnhof« Potsdamer Platz.

sere Posten waren auf manchen Bahnhöfen, so am Potsdamer Platz, regelrecht eingemauert. Sie standen auf dem Bahnsteig innerhalb einer Mauer mit Sehschlitzen. Das war einerseits, damit sie nicht fahnenflüchtig wurden, und andererseits, damit sie nicht Provokationen ausgesetzt waren, falls mal ein S-Bahn-Zug hielt und Besoffene ausstiegen ... Kein Posten kam unten unbemerkt von seinem Platz. Aber das war schon der ausgebaute Zustand in den achtziger Jahren. Anfänglich sind die Posten auf dem Bahnsteig auf und ab gelaufen, da waren sie nicht in den Bunkern. ... Zunächst waren auf den Bahnsteigen immer sechs unten, zuletzt waren nur noch zwei da, und die mußten alles im Blick haben.«[23]

Über den Wachdienst im S-Bahnhof Potsdamer Platz berichtete Ex-Major Helmut H.: »Im Bahnhof Potsdamer Platz konnte man sich verlaufen. Und da ist auch manchmal was aus den Zügen geworfen worden, Flaschen und alles mögliche. Wir haben uns hinter Pfeiler gestellt oder waren in geschlossenen Räumen drin, mußten alles einsammeln, was rumlag. Die Soldaten sahen die Leute vorbeifahren in eine andere Welt ... Wenn man sich dann so in 'ne Nische reindrücken muß, wenn die Bahn vorbeirollt, das ist schon ein eigenartiges Gefühl.«[24]

Bahnhof Friedrichstraße

Die Mauer schuf Orte von schwer lastender Atmosphäre und bedrängender Undurchschaubarkeit. Man fühlte sich dort unter einer unbestimmten Bedrohung, ausgeliefert der Kontrolle und Willkür eines misstrauisch-feindseligen Staates. Ein solcher Ort war der Bahnhof Friedrichstraße, einstiger Verkehrsknotenpunkt mit S- und U-Bahnsowie Fernbahnanschluss.

Hier verlief »die Mauer« zwischen zwei Bahnsteigen. Eine Metallwand trennte den Bereich der nach Westen fahrenden S-Bahnen (Bahnsteig B) und den Fernbahnsteig A vom »östlichen« S-Bahnsteig C. Für Ost-Berliner hieß es hier: »Endstation, alles aussteigen, Zug fährt zurück nach Erkner«. 1982 wurde die 3 Meter hohe Drahtglaswand durch eine bis zum Hallendach reichende Stahlwand ersetzt. Auf den Fernbahnsteigen war ein weißer Strich gezogen – »Überschreiten erst nach Aufforderung!« Buchstäblich jeder Schritt wurde hier von den Grenzposten überwacht.

Besucher aus dem Westen verloren regelmäßig die Orientierung in dem Gewirr aus Gängen, Treppen, Pass- und Zollschleusen, versteckten Durchlässen. Selbst den »Grenzorganen der DDR« fiel es schwer, in diesem Labyrinth den Überblick zu behalten.

Es war ein wahrer Hindernislauf, den die Besucher bei der Ein- und Ausreise zu absolvieren hatten, stets beobachtet von allgegenwärtigen Grenzposten und, seit Anfang der achtziger Jahre, Videokameras. Gleich nach Betreten des »Abfertigungsbereichs« wurde sortiert in »Bürger West-Berlin«, »Bürger BRD« und »Bürger anderer Staaten«. Voller Neid sah man ab und zu eine Person raschen Schrittes in der Bucht für »Diplomaten« verschwinden.

Die Pass- und Ausweiskontrolle oblag dem Ministerium für Staatssicherheit; an den Grenzübergangsstellen (»GÜST«) hatte faktisch die Stasi das Sagen. Die dort eingesetzten »Passkontrolleinheiten« waren direkt der Stasi unterstellt, der gesamte Ein- und Ausreiseverkehr an Mauer und innerdeutscher Grenze wurde somit von Stasi-Angehörigen überwacht.

Der Bahnhof Friedrichstraße war eine permanente Baustelle. Ständig wurden Veränderungen vorgenommen, dort eine Tür zugemauert, hier ein neuer Durchgang geschaffen, um die Kontrolle über Ein- und Ausreisende zu perfektionieren.

Und doch gab es etwas im Bahnhof Friedrichstraße, das viele West-Berliner bald lieb gewannen: den »Intershop«. Bequemerweise befand er sich gleich auf dem S-Bahnsteig für die West-Linien, wo man zwischen zwei Zügen schnell Zigaretten und Schnaps zu traumhaft niedrigen Preisen (zollfrei) erstehen konnte – ohne Einreiseformalitäten und fast ohne Risiko, da der West-Berliner Zoll erst auf West-Bahnhöfen kontrollieren durfte. Es entwickelte sich bald ein regelrechter »Schnaps- und Zigaretten-Tourismus«, welcher der S-Bahn zwischen Lehrter Stadtbahnhof (West) und Friedrichstraße ungewöhnlich viele Fahrgäste bescherte. Für die DDR war es ein glänzendes Geschäft, billig eingeführte West-Produkte massenhaft gegen West-Mark zu verhökern.

Ab 1962 hatte man sich zur Ausreise in einem neu errichteten Vorbau (»Abfertigungsgebäude für Ausreisende«) anzustellen, wobei die Schlange häufig weit auf den Bahnhofsvorplatz reichte. Der Spitzname »Tränenpalast« für das von außen ungewöhnlich lichte, innen jedoch steril-bedrükkende Stück DDR-Architektur war nur allzu passend.

Neue Ostpolitik: Das Viermächteabkommen

Als Willy Brandt im Oktober 1969 als erster sozialdemokratischer Bundeskanzler ans Rednerpult des Bundestages trat und seine Regierungserklärung abgab, hatte das durchaus etwas von einer historischen Stunde. »Mehr Demokratie wagen«, so die Parole der sozial-liberalen Regierung im Innern; nach außen lautete das Motto »Versöhnung mit dem Osten«. Auf der Tagesordnung stand eine neue »Ostpolitik«.

Pass- und Zollkontrolle in den Katakomben des Bahnhofs Friedrichstraße.

Auch weltpolitisch hatte der Horizont sich aufgehellt. In Moskau war Nikita Chruschtschow im Oktober 1964 von Leonid Breschnew gestürzt worden. Das bedeutete für die Sowjetunion selbst zwar alles andere als eine Liberalisierung, doch Breschnew wollte außenpolitisch Ruhe. Die Zeichen standen weltweit auf Entspannung. US-Präsident Richard Nixon reiste nach Peking und Moskau. 1969 nahmen die beiden Supermächte Verhandlungen über Rüstungskontrollen auf. Auch in Berlin sollte eine gewisse Normalität einkehren. Die Kontrahenten des Kalten Krieges schienen der Auseinandersetzungen um die geteilte Stadt müde, man hatte sich mit dem Status quo arrangiert.

Im März 1970 begannen die Botschafter der USA, Großbritanniens, Frankreichs und der UdSSR Verhandlungen im früheren Kontrollratsgebäude in Berlin-Schöneberg. Die ständigen Querelen um Status-Fragen, um Kontrollen auf den Zufahrtswegen sollten beigelegt werden. Hinter verschlossenen Türen wurde hart gerungen, aber mit deutlichem Willen zur Einigung. Allein schon das unterschied die Gespräche von vielen fruchtlosen Berlin-Verhandlungen in der Vergangenheit.

Am 3. September 1971 wurde das Viermächteabkommen unterzeichnet.

Vor allem für die West-Berliner brachten das Viermächteabkommen und das anschließend zwischen Bonn und der DDR ausgehandelte Transitabkommen entscheidende Erleichterungen. Nach sechs Jahren waren wieder Besuche in Ost-Berlin möglich. In der Folge des Viermächteabkommens handelten Ost-Berlin und der West-Berliner Senat eine unbefristete Besuchsregelung aus. West-Berliner durften nunmehr an insgesamt 30 Tagen zu Besuchen über einen zuvor beantragten Grenzübergang in den Ostteil einreisen; bis 24.00 Uhr allerdings musste wieder ausgereist werden. Ab 1. Juli 1982 war erst um 2.00 Uhr Toresschluss.

1984 wurde die Zahl der möglichen Besuchstage für West-Berliner pro Jahr auf 45 erhöht. Ab 1988 waren auch zweitägige Aufenthalte mit Übernachtung in Ost-Berlin gestattet und die Einreise konnte über einen beliebigen Übergang (ausgenommen Checkpoint Charlie) erfolgen – zu Fuß, mit S- und U-Bahn oder mit dem PKW.

Bald entdeckte die DDR eine Schraube, mit der sie den Besucherverkehr nach Ost-Berlin steuern konnte: die Höhe des »Mindestumtauschs«, im Westen Zwangsumtausch genannt. Und man drehte an dieser Schraube, als die Zahl der West-Besucher unheimlich wurde. 1972 mussten bei Grenzübertritt pro Person 5 DM zum Kurs 1:1 umgetauscht werden. 1980 wurde der Satz auf 25 DM erhöht, was tatsächlich zu einem drastischen Rückgang der Besucherzahlen führte: von 3,03 Millionen 1979 auf 1,5 Millionen im Jahr 1981. Seit Inkrafttreten jener »Vereinbarung über Erleichterungen und Verbesserungen des Reise- und Besucherverkehrs« im Juni 1972 machten West-Berliner jedes Jahr zwischen 3,38 Millionen (1976) und 1,5 Millionen (1983) Besuche im Ostteil der Stadt.

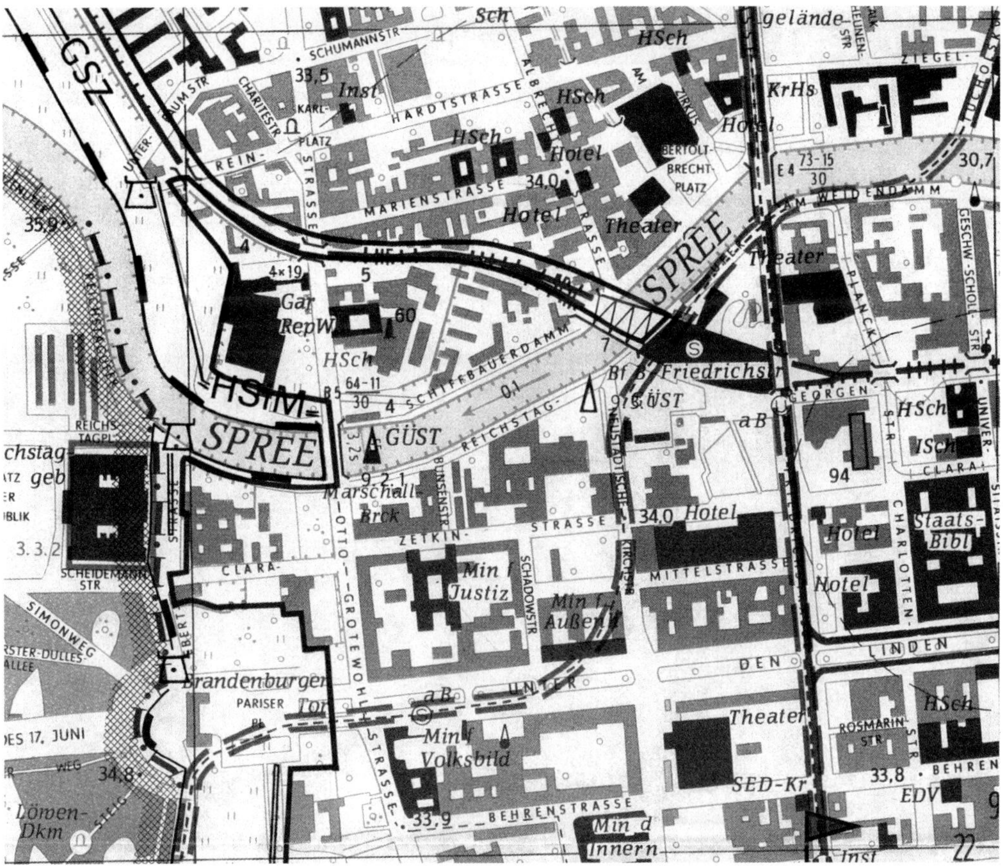

Grenztruppen-Karte vom Bereich Brandenburger Tor.
GSZ: »Grenzsicherungszaun«; HSiM: »Hinterlandsicherungsmauer«.

AUFRÜSTUNG AN DER GRENZE

»Wartungsarm und formschön« – Grenzmauer 75

Während die Entspannungspolitik zwischen Ost und West mühsam, aber stetig Fortschritte machte, das Viermächteabkommen von 1971 und der Grundlagenvertrag 1972 die Lebenssituation der Berliner spürbar verbesserten und sich die Ostblock-Staaten in der Schlussakte von Helsinki zur Einhaltung von Bürger- und Menschenrechten verpflichteten, verstärkte die DDR die Grenzsperren.

Im Mai 1974 gab die Grenztruppen-Führung die Anweisung zur Entwicklung eines neuen Mauer-Typs. Grenzdurchbrüche sollten weiter erschwert werden und auch um das Erscheinungsbild der Grenze machte man sich Gedanken: »Das äußere Bild der Mauer muß den Ansprüchen zum Ausbau der Staatsgrenze im Abschnitt der Hauptstadt der DDR entsprechen.«

Durch Ausbau und Perfektionierung der Grenzanlagen sollte die Abschottung noch dichter, zugleich der abstoßend militärische Charakter durch eine »sterile« Grenze verwischt werden, an der es möglichst wenig »Zwischenfälle« gab. In den Akten der Grenztruppen findet sich immer wieder die Order, das Grenzregime so zu gestalten, dass der »Gegner« möglichst wenig Anlass zur »Hetze gegen die DDR« hat.

Die neue Mauer bestand aus 3,60 Meter (Typ UL 12.41 oder 12.11) bzw. 2,40 Meter hohen (Typ UL 8.21), fugenlosen Betonsegmenten von 15 Zentimeter Stärke und 1,20 Meter Breite, selbst mit schweren Lastkraftwagen konnte sie kaum noch durchbrochen werden. Der ausladende, 2,10 Meter tief in die Erde versenkte »Fuß« in Form eines Widerlagers garantierte ein hohes Maß an Stabilität. Ein Unterkriechen der Sperrmauer war nun nahezu unmöglich, auch das Überklettern mit Leitern oder anderen

1966 wird am Potsdamer Platz die Mauer der »3. Generation« aus einzelnen Betonteilen errichtet.

Hilfsmitteln aufgrund der Höhe und durch das aufgesetzte Asbestbeton-Rohr von 40 Zentimeter Durchmesser weiter erschwert. Vorgesehen war ein einheitlich weißer Anstrich. Hygienisch-sauber sollte die Grenze sein, eben den »Ansprüchen ... im Abschnitt der Hauptstadt der DDR« entsprechen.

1976 wurde an der innerstädtischen Grenze in Berlin mit der etappenweisen Aufstellung der Grenzmauer 75 begonnen, und fortan prägte sie weltweit das Bild der Mauer. Insgesamt rund 45 000 der Betonsegmente wurden bis 1989 rings um West-Berlin verbaut, zum offiziellen Stückpreis von 359 DDR-Mark. Parallel dazu entfernte man im innerstädtischen Bereich Sperrelemente, die besonders martialisch wirkten – wie z.B. Höckersperren aus Beton oder »Flächensperren« (am Boden ausgelegte Metallgitter mit Stacheln) –, um die »politische Ausstrahlungskraft der Hauptstadt der DDR, Berlin, an den publikumswirksamen Abschnitten Brandenburger Tor und Leipziger Straße weiter zu erhöhen.«[25]

»Ordnung und Sauberkeit« waren häufig Thema bei den Grenztruppen. Kommandeur Baumgarten brachte es fertig, die »Grenzmauer 75« in einem offiziellen Schriftstück als »wartungsarm und formschön« zu bezeichnen.[26]

Der Ausbau der Sperranlagen erfolgte stets in sich überschneidenden Phasen. Ältere Elemente wurden keineswegs auf einen Schlag und vollständig durch neue ersetzt. Vielmehr blieben alte Grenzanlagen stellenweise noch jahrelang stehen, nachdem der »Nachfolgetyp« schon weitgehend installiert war. Die Berliner Mauer bot zu keinem Zeitpunkt ein einheitliches Bild. 1990 stießen Demontagetrupps beim Abbau der Grenzsperren vereinzelt noch auf Betonpfähle, die aus dem Jahr 1961 stammten.

1983 bestand die innerstädtische Grenze vor allem aus folgenden Elementen:

- Grenzmauer 75 (20,1 Kilometer)
- Grenzmauer (Platten; 6 Kilometer)
- Grenzzaun 83 (10,4 Kilometer)
- Grenzsignalzaun (33,3 Kilometer)
- Kfz-Sperrgraben (21,5 Kilometer)
- 18 800 Flächensperren (auf dem Boden ausgelegte Metallgitter mit vertikalen Stacheln)

Die Mauer auf dem Gelände des ehemaligen Potsdamer Bahnhofs.

- Hinterlandmauer (27,2 Kilometer)
- Hinterlandzaun (2,8 Kilometer).

Zur Grenzüberwachung gehörten ständige Patrouillengänge, meist von zwei Grenzsoldaten, die in unregelmäßigen Abständen sowohl im »Todesstreifen« als auch vor der Hinterland-Mauer erfolgten. Fluchtwillige sollten nicht die Möglichkeit haben, den Rhythmus der Kontrollgänge zu erkunden.

Ausdrücklich bekräftigt wurde in dieser Ausbau-Etappe ab Mitte der siebziger Jahre der »Schießbefehl«. Auf einer Sitzung des Nationalen Verteidigungsrates 1974 gab der neue SED-Chef Honecker, der im Mai 1971 Walter Ulbricht abgelöst hatte, die klare Anweisung: »Nach wie vor muß bei Grenzdurchbruchsversuchen von der Schußwaffe rücksichtslos Gebrauch gemacht werden, und es sind die Genossen, die die Schußwaffe erfolgreich angewandt haben, zu belobigen.« Die Belobigungen bestanden in einigen Tagen Sonderurlaub, Medaillen und Geldprämien zwischen 150 und 500 Mark.

Die Grenztruppen der DDR

Auf Anweisung des Nationalen Verteidigungsrats wurden am 15. September 1961, vier Wochen nach dem Mauerbau, aus dem Personal der »Deutschen Grenzpolizei« die »Grenztruppen der DDR« gebildet. Sie waren Teilstreitkräfte der Nationalen Volksarmee und dem Verteidigungsministerium mit Sitz in Strausberg unterstellt; die Grenzpolizei mit ihren rund 40 000 Mann hatte noch dem Innenministerium unterstanden.

Mitte der sechziger Jahre gehörten zu den Grenztruppen der DDR zu den insgesamt 10 Grenzbrigaden mit jeweils zwei bis fünf Regimentern. An der Grenze zu West-Berlin waren zunächst drei, an der innerdeutschen sechs Grenzbrigaden und an der Ostsee-Küste die »6. Grenzbrigade Küste« stationiert. Bis Anfang der siebziger Jahre verfügten die Grenztruppen neben Karabinern, Maschinenpistolen, leichten MGs, Pistolen und Handgranaten auch über schwere Bewaffnung wie Panzer vom Typ T 34/85, Flak, Panzerabwehrkanonen und Granatwerfer.

Diese Bewaffnung entsprach durchaus dem propagandistisch verbreiteten »Kampfauftrag«, einen möglichen Angriff des »imperialistischen Gegners« aus dem Westen an der Grenze aufzuhalten. Nicht zuletzt durch diese Bewaffnung sollte die Bedeutung der Mauer als »antifaschistischer Schutzwall« gegenüber den eigenen Truppen gerechtfertigt werden; auch die Gefechtsausbildung einschließlich Manöver-Szenarien war teilweise darauf ausgerichtet. Die Grenztruppen in und um Berlin wurden sogar im Häuser- und Straßenkampf ausgebildet. Tatsächlich lagen in den Tresoren des Grenztruppen-Kommandos detaillierte Pläne für eine mögliche militärische Besetzung von West-Berlin. Auch an die Einrichtung von Sammellagern zur »Verwahrung feindlicher Kräfte« war gedacht und es gab einen speziellen Orden für »Heldentaten« bei der Einnahme von West-Berlin.[27]

Nach Einführung der allgemeinen Wehrpflicht in der DDR im Januar 1962 wurden zunehmend auch Wehrpflichtige zu den Grenztruppen eingezogen. Dabei achtete man streng darauf, dass die Rekruten keine West-Verwandten oder andere West-Kontakte hatten. In den ersten Jahren nach dem Mauerbau gab die innere Verfassung der Grenztruppen der DDR-Führung wiederholt Anlass zu Unmut und ernster Besorgnis. Der »Klassenstandpunkt« vieler Grenztruppenangehöriger ließ in den Augen der SED-Spitze stark zu wünschen übrig.

Ab Ende 1963 begegnete man dem mit einem ganzen Bündel von Maßnahmen, das sowohl Vergünstigungen wie bessere Beförderungschancen, höhere Besoldung, Prämien- und Zulagesystem als auch intensivere ideologische Schulung und verstärkte

Repressionen umfasste. So hatte das Ministerium für Staatssicherheit in allen Grenztruppen-Einheiten »Inoffizielle Mitarbeiter« zur politisch-ideologischen Überwachung und Aufdeckung von Fluchtplänen platziert. Auch an der Personalplanung, z.B. bei der Zusammenstellung der Patrouillen, hatten MfS-Mitarbeiter innerhalb der Grenztruppen – sie bildeten dort die »Verwaltung 2000« – maßgeblichen Anteil. Dieses Spitzelsystem wurde ständig ausgebaut, so dass in den achtziger Jahren auf zehn Grenzsoldaten im Durchschnitt ein Stasi-Informant kam. Zu den Aufgaben der Stasi bei den Grenztruppen gehörte auch, DDR-Spione durch die Sperranlagen in die Bundesrepublik zu schleusen.

Ab Januar 1974 gehörten die Grenztruppen offiziell nicht mehr zur NVA, unterstanden aber weiterhin dem Ministerium für Nationale Verteidigung. Durch die formale Herauslösung wollte die DDR erreichen, dass die Grenztruppen nicht zum Thema bei den 1973 in Wien aufgenommenen Verhandlungen zur Rüstungsbegrenzung wurden.

Es war keine ganz leichte Aufgabe, die Angehörigen der Grenztruppen für ihren Dienst an der Mauer zu motivieren. Offiziell als »antifaschistischer Schutzwall« gegen den »Feind« im Westen bezeichnet, richteten sich die Sperranlagen für jedermann sichtbar in Wahrheit gegen Fluchtwillige aus dem Osten. Diesen Widerspruch hatten sie auszuhalten, Soldaten wie Offiziere, und mussten dabei bereit und fähig sein, gegebenenfalls auf Flüchtlinge auch gezielt zu schießen. Der politisch-ideologischen Schulung der Truppen kam somit im Rahmen des Grenzregimes der DDR eine zentrale Bedeutung zu. Speziell geschulte Propagandisten wurden zur »ideologischen Stärkung« in die Grenzregimenter geschickt, wobei von Beginn an Karl-Eduard von Schnitzler mit besonderem Eifer die Notwendigkeit der Mauer zu erläutern versuchte.

Zur »inneren Aufrüstung« der Grenztruppen gehörten vor allem ein geschlossenes politisch-ideologisches Welt- und ein klares Feindbild auf der Grundlage des Marxismus-Leninismus. Hauptfeind war der »internationale Imperialismus«, d.h. die

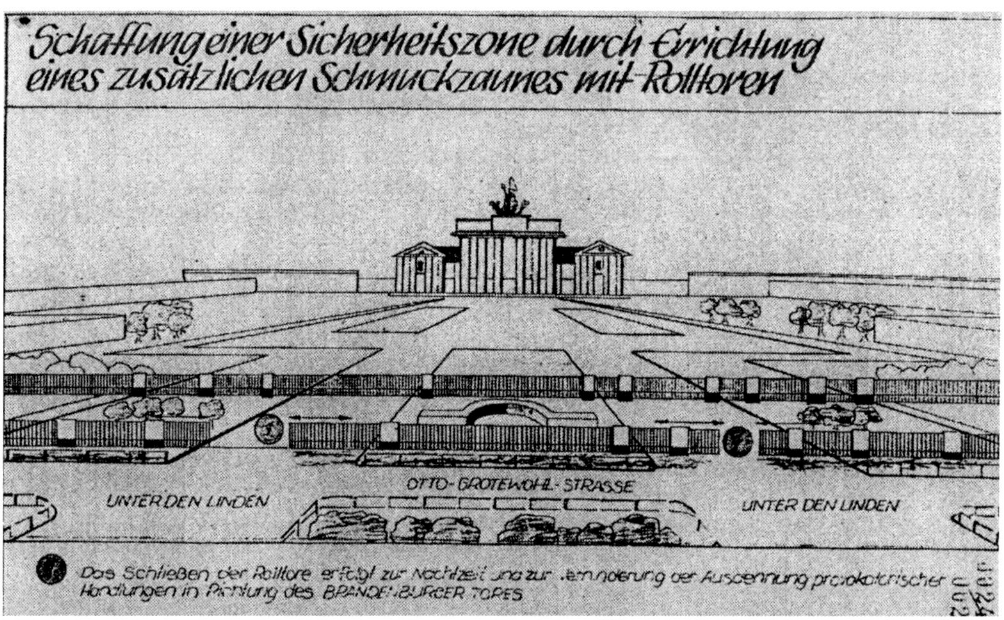

»Ordnung und Sauberkeit«: DDR-Planungsskizze für die Neugestaltung des Pariser Platzes 1983.

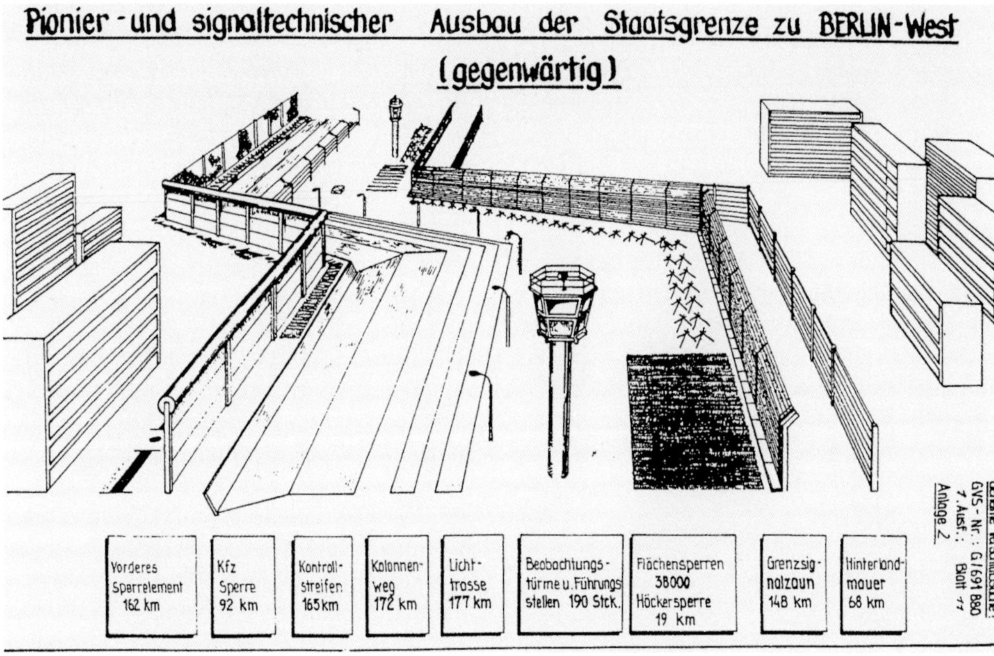

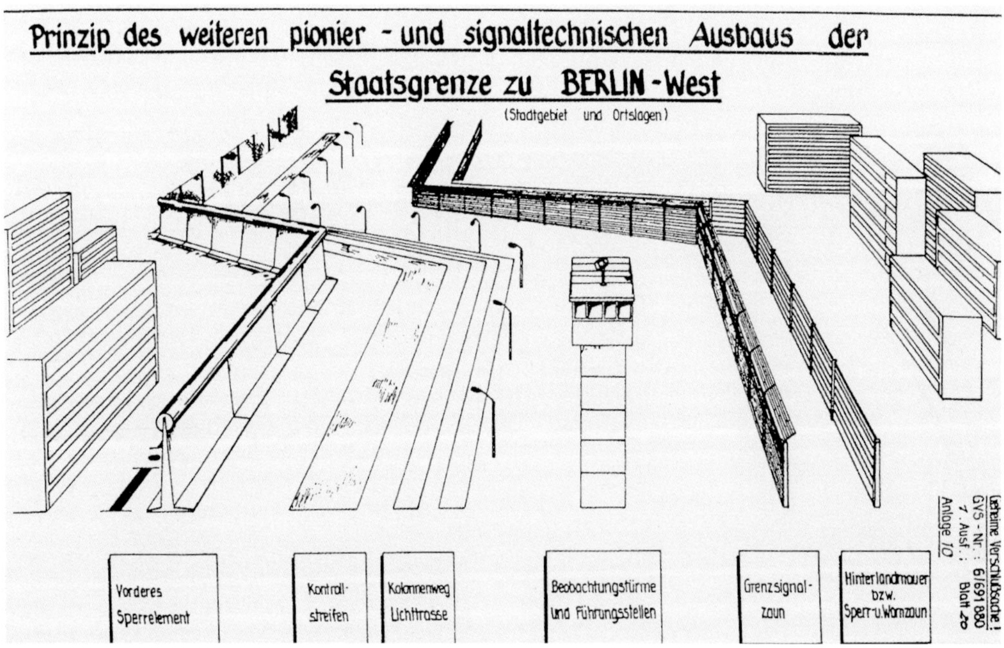

Grenztruppen-Schema zum Stand der Grenzanlagen Mitte der 70er Jahre (o.) und Planungen zum weiteren Ausbau (u.). Einige Sperrelemente wurden entfernt, der Grenzstreifen insgesamt »übersichtlicher«.

Ausbau der Staatsgrenze der DDR zu BERLIN(WEST) mit neuen Grenzsicherungsanlagen im Stadtgebiet der Hauptstadt der DDR-BERLIN-
Stand: 05.07.1985

Geheime Verschlußsache!
GVS-Nr: G 694 545
1. Ausfertigung, Blatt 9/

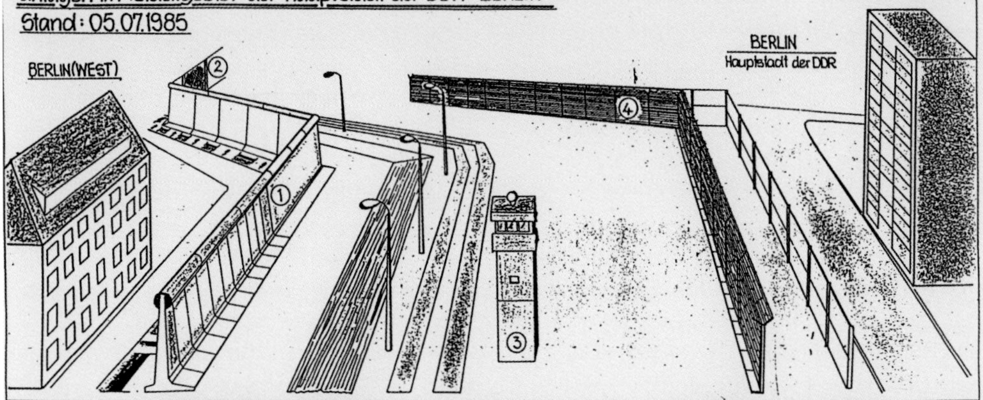

NEUBAU / REKONSTRUKTION								
Pos.	GSiA	ME	AUFGABE 1983-85	AUFGABE 1986-90	Ges.	ERFÜLLUNG 05.07.85	%	vorges. Abschl.
①	Grenzmauer 75	km	6.4	4.0	10.4	5.1	79	1987
②	Grenzzaun I/83	km	0,3	8,4	8,7	4.34	54	1986
③	Beobachtungst.	St	40	7	47	40	100	1986
④	Grenzsignalzaun 83	km	6.0	30,9	36,9	3,2	53	1986

ABBAU								
Pos.	GSiA	ME	AUFGABE 1983-85	AUFGABE 1986-90	Ges.	ERFÜLLUNG 05.07.85	%	vorges. Abschl.
⑦	Höckersperre	km	9.0	7.4	16.4	6.6	73	1986
◯		St	8100	6700	14.800	5940	73	1986
⑧	Flächensperren	St.	18800	-	18800	-	100	1984
⑨	Postenhäuser	St.	45	-	45	38	84	1985

Grenzsignal- und Sperrzaun I

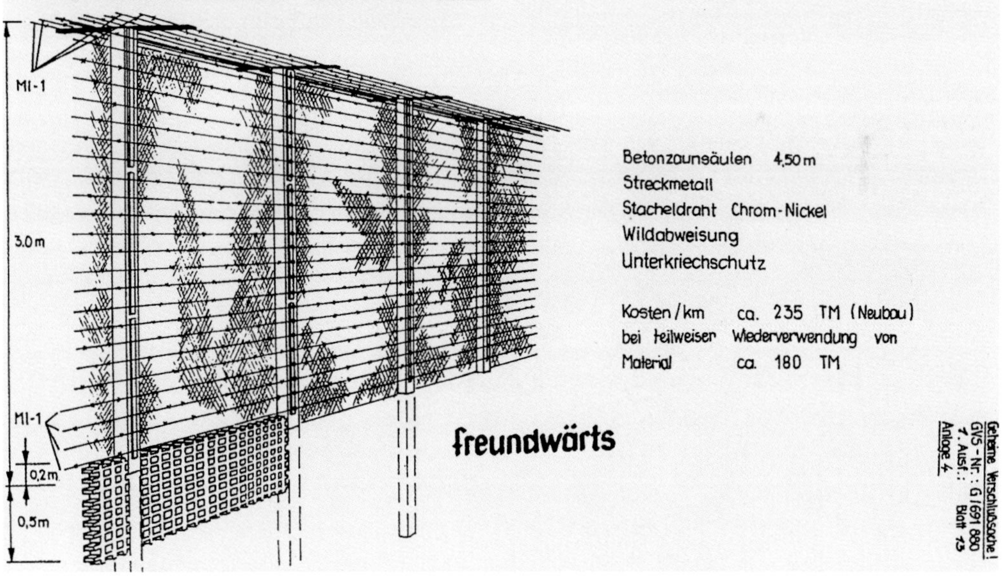

Grenztruppen-Pläne zu den ab 1985 realisierten Veränderungen an den pioniertechnischen Sperranlagen (o). Stacheldrahtzauns mit Alarmauslösung, der nach der »Hinterlandmauer« die zweite Sperre bildete (u).

westlichen Staaten. »Solange der Imperialismus existiert, solange wird die unversöhnliche Feindschaft gegen den Sozialismus der Leitfaden seiner Politik sein. Er wird immer bemüht sein, unser festes Grenzregime zu durchlöchern, die Staatsgrenze durchlässig zu machen, provokatorische Anschläge auf sie auszuführen und – wenn ihm die Stunde als günstig erscheint – die offene Aggression zu entfachen.« Diese Einschätzung aus einer »Argumentationshilfe« für Polit-Offiziere von 1971 zieht sich formelhaft durch alle Materialien zur politischen Schulung der Grenztruppen. »Das reaktionäre Wesen und die aggressive Politik des Imperialismus ist wirksamer zu

Aus einer Bildmappe der Grenztruppen: Krad-Streife beim Nachtdienst.

entlarven und bei allen Angehörigen der Grenztruppen ein reales, klassenmäßig geprägtes Feindbild auszuformen«, heißt es in Schulungs-Leitlinien aus dem Jahr 1975.

Auch nach innen, bezüglich »Systemgegnern« und »Republikflüchtlingen«, wurde ein klares Feindbild gezeichnet. Flüchtlinge wurden in offiziellen Verlautbarungen der Grenztruppen häufig als »Verbrecher« und »Verräter« oder »Gegner« deklariert, um die Hemmschwelle der Grenzposten beim Schusswaffeneinsatz zu senken. Ein Fluchtversuch, die Konfrontation von Grenzposten und Flüchtling, wurde häufig als »Gefecht« beschrieben, ganz so, als befänden sich Grenzposten und Flüchtling im Kriegszustand, bei dem der Schusswaffengebrauch selbstverständlich sei.

Im Juni 1971 richtete das Grenzkommando Mitte folgende Grußadresse an den VIII. Parteitag der SED: »Wir beweisen durch Höchstleistungen – unser Vertrauen zur zielklaren Politik der SED ... – unseren Haß auf den Imperialismus und seine Söldner ...«[28]

Hass war ein Leitmotiv der politischen Schulung, Hass sowohl auf den westlichen Imperialismus, den »Klassenfeind«, als auch auf seine »Söldner«, zu denen letztlich auch »Republikflüchtlinge« und »Grenzverletzer« zählten. Grenztruppen-Chef Baumgarten sprach in einer Rede zum 35. Jahrestag der Grenztruppen im November 1981 von »Verachtung und Haß ... gegen alle gewissenlose Elemente, ... die die Zukunft der ganzen Menschheit für imperialistische Profit- und Machtinteressen aufs Spiel setzen.«

Tote Helden: Kult um erschossene Grenzsoldaten

27 DDR-Grenzsoldaten wurden zwischen 1961 und 1989 an Mauer und innerdeutscher Grenze durch Schusswaffengebrauch bei Fluchtaktionen getötet. Im selben Zeitraum kamen mehr als 900 Flüchtlinge ums Leben.

Zwei der Todesopfer der Grenztruppen wurden in der DDR propagandistisch besonders hervorgehoben: Peter Göring und Reinhold Huhn, beide 1962 an der Berliner Mauer erschossen. Peter Göring wurde am 23. Mai 1962 in der Nähe des Invaliden-Friedhofs bei einem Schusswechsel zwischen DDR-Grenzposten und West-Berliner Polizisten, die einem 14-jährigen Flüchtling Feuerschutz gaben, von einer Kugel aus dem Westen tödlich getroffen. Der Grenzsoldat Reinhold Huhn kam am 18. Juni 1962 in der Nähe des Checkpoint Charlie ums Leben. Als Huhn mehrere Personen kontrollierte, die im Begriff waren, durch einen Tunnel in den Westen zu fliehen, zog einer der Fluchthelfer eine Waffe und gab die tödlichen Schüsse auf den Grenzsoldaten ab.

Reinhold Huhn und Peter Göring wurden zu »sozialistischen Helden« gemacht. Für sie und andere erschossene Grenzsoldaten errichtete man im Berliner Bezirk Mitte, in Sichtweite des Springer-Hochhauses, eine Gedenkstätte, zu der Rekruten der Grenztruppen, ausländische Delegationen und auch Kinder und Jugendliche geführt wurden. Die dort verlaufende Schützenstraße wurde in Reinhold-Huhn-Straße umbenannt. 1972 ordnete der Chef der Grenztruppen an, in den Kasernen der getöteten Grenzsoldaten »Gedenkzimmer« einzurichten, in denen man Porträts und persönliche Gegenstände der Toten zeigte. Die Gestaltung dieser Räume hatte nach einem vorgegebenen Muster zu erfolgen, das in der Anlage zum Befehl mit Fotos und Skizzen verdeutlicht war. In die »Gedenkzimmer« wurden junge Grenzsoldaten bei ihrem Dienstantritt geführt, »Brutalität und Ruchlosigkeit« der Republikflüchtlinge und der »Feinde« jenseits der Mauer sollten ihnen so vor Augen geführt werden.

Staatsanwaltliche Untersuchungen nach dem Fall der Mauer führten zu dem Ergebnis, dass wahrscheinlich 9 Grenzsoldaten von fliehenden Kameraden erschossen worden waren. In drei Fällen kamen die tödlichen Schüsse aus den Waffen von US-Soldaten oder West-Berliner Polizisten. Drei Grenzposten wurden von zivilen Flüchtlingen erschossen. Was immer die genauen Umstände des Todes der DDR-Grenzposten waren, in der politisch-ideologischen Propaganda standen sie im Mittelpunkt eines Heldenkultes, der die Gefährlichkeit des Grenzdienstes und die Heimtücke des »Feindes« – seien es Flüchtlinge oder westliche Polizisten – ins Bewusstsein der Grenzsoldaten rücken sollte.

Freiwillige Helfer der Grenztruppen

Davon träumte die DDR-Führung: Ein ganzes Volk von Grenzschützern. Bei der Bespitzelung war die Stasi, wie sich nach 1989 herausstellte, mit rund 150 000 Inoffiziellen Mitarbeitern in der gesamten DDR schon recht weit gekommen.

Auch zur Sicherung des Grenzregimes und Verhinderung von Fluchtaktionen griff man in der DDR auf die tätige Mithilfe von Zivilpersonen zurück. Diese »Freiwilligen Helfer der Grenztruppen« versahen in erster Linie Patrouillendienste in grenznahen Gebieten, wo sie Fluchtwillige bereits im Vorfeld der Sperranlagen aufspüren und der Volkspolizei übergeben sollten.

Ging es um die ideologische Stärkung der Truppe, war Karl-Eduard von Schnitzler (stehend) stets zur Stelle.

Aus statistischen Erhebungen der Grenztruppen geht hervor, dass die Freiwilligen Helfer dabei im Zusammenwirken mit Polizei und Grenztruppen oft ganze Arbeit leisteten. So sind für den Zeitraum zwischen Dezember 1974 und November 1979 an der innerdeutschen Grenze insgesamt 4 956 »Personenbewegungen Richtung DDR–BRD«, d.h. Fluchtversuche, verzeichnet. Davon wurden 3 984 Personen bereits vor Erreichen des ersten Signalzauns festgenommen, woran die Freiwilligen Helfer einen erheblichen Anteil hatten. Im Bereich der Grenzsicherungsanlagen gab es im genannten Zeitraum insgesamt 743 Festnahmen durch die Grenztruppen. Lediglich 229 Menschen gelang in diesem Zeitraum die Flucht in den Westen.[29]

In einem Bericht der Grenzbrigade »13. August« (Bereich Potsdamer Platz/Brandenburger Tor) an die Berliner Bezirksleitung der SED für den Zeitraum 1965/66 wurde der Anteil der Grenzbevölkerung und der Freiwilligen Helfer bei der Grenzsicherung ausdrücklich hervorgehoben: »In 7 Fällen konnte mit Unterstützung der Grenzbevölkerung Personen festgenommen werden, die sich zur Vorbereitung verbrecherischer Handlungen im Grenzgebiet aufhielten. Die Arbeit mit den Freiwilligen Helfern der Grenztruppen ist zu einem festen Bestandteil im System der Grenzsicherung geworden.«[30]

Ein Rechenschaftsbericht des Stadtkommandanten von 1969 hebt das gute Zusammenwirken der Grenztruppen mit ihren zivilen »Hilfstruppen« hervor: »Gegenwärtig versehen 468 Bürger als Freiwillige Helfer der Grenztruppen in 64 Gruppen ihren Dienst und erzielen gute Ergebnisse ... bei der Grenzsicherung. «[31] Die Freiwilligen Helfer traten in der Regel höflich und korrekt auf. Ein ehemaliger Grenztruppen-Offizier beschrieb deren Aufgaben rückblickend folgendermaßen: »Sie ... liefen in der Regel tagsüber während der Arbeitszeit oder abends ihre Streife ... Sie mußten Streifen laufen, Kontrollen zur Ordnung und Sicherheit im Grenzgebiet durchführen, wozu auch gehörte, daß sie die Verschlußsicherheit in den Landwirtschaftlichen Produktionsgenossenschaften überprüften,

Blick aus einem Beobachtungsturm auf den Grenzstreifen am Potsdamer Platz, im Hintergrund der Reichstag.

nachsahen, ob die Maschinen ordentlich abgestellt waren, daß die Schlüssel nicht steckten, damit keiner bei Nacht und Nebel mit dem Traktor in Richtung Westen fahren konnte. ... Unsere Überzeugung war, die Grenze kann nur dann gesichert werden, wenn die Bevölkerung mitmacht.«[32]

Über Aufgaben und Kompetenzen der Freiwilligen Helfer heißt es im offiziellen »Handbuch für Grenzsoldaten«: »Die Freiwilligen Helfer der Grenzsoldaten können dazu beitragen, bestimmte Hauptaufgaben zu erfüllen. Sie können

- verdächtige Personen feststellen sowie Grenzverletzer ... vorläufig festnehmen;
- den Verkehr an wichtigen Zugängen zum Grenzgebiet kontrollieren sowie bei besonderen Lagen beobachten;
- wichtige Betriebe und Objekte sichern;
- die Abriegelung verstärken und die Suche nach durchgebrochenen Grenzverletzern unterstützen.«[33]

Bereits im August 1952, drei Monate nach Schließung der innerdeutschen Grenze, hatte die damalige Grenzpolizei rund 540 zivile »Grenzpolizeihelfer« im Streifen- und Beobachtungsdienst entlang der Demarkationslinie eingesetzt. Ab 1958 wurden »Freiwillige Helfer der Grenztruppen« geworben, die in Zivilkleidung auftraten und mit einer Armbinde gekennzeichnet waren. Der Dienst der »Helfer«, die jeweils einem Grenzregiment zugeordnet waren, bestand vor allem in Patrouillengängen im Vorfeld der Sperranlagen. Dabei bewegten sie sich zumeist paarweise, zuweilen aber auch in Gruppen bis zu sechs Personen, mitunter begleitet von einem Angehörigen der Grenzpolizei. Sie waren unbewaffnet und trugen entweder Zivil mit einer Armbinde (»Freiwillige Helfer der Grenztruppen«) oder eine Drillich-Uniform mit Käppi.
Pro Monat sollten sie sechs bis acht Stunden Dienst ableisten, wobei ihnen vor allem die »Aufklärung und Kontrolle von Unterschlupfmöglichkeiten, Baustellen, Objekten, Anlagen ...« aufgetragen war. Sie hatten Befugnis, verdächtige Personen zu kontrollieren und festzuhalten. Mehrheitlich rekrutierten sich die Freiwilligen Helfer in Ost-Berlin und dem Umland aus dem Perso-

»Junge Pioniere« an der Gedenkstätte für den erschossenen Grenzsoldaten Reinhold Huhn.

nal grenznaher Betriebe. Sie waren allesamt SED-Mitglieder, zumeist Reservisten der Nationalen Volksarmee oder der Grenztruppen. Zum Einführungsprogramm gehörten neben politisch-ideologischer Schulung auch Schieß- und Nahkampfausbildung sowie Sanitätslehrgänge.

Ihre »Effektivität« lässt sich indirekt auch an Statistiken über Festnahmen im Grenzgebiet ablesen. 1988 gab es insgesamt 2 312 Festnahmen von Flüchtlingen an innerdeutscher Grenze und Mauer:

978 davon durch Volkspolizei
526 durch Transportpolizei
614 durch Grenztruppen
273 durch Stasi.[34]

Die hohe Zahl von Festnahmen durch Volks- und Transportpolizei kam auch durch Hinweise und Aktivitäten Freiwilliger Helfer zustande.

1986 verfügte der Nationale Verteidigungsrat die Stiftung eines Ordens, der »Helfern« für »treue Dienste beim Schutz der Staatsgrenze der DDR« verliehen wurde. Er war verbunden mit einer Prämie von 150 bis 500 Mark. Auch für »Einzelleistungen«, insbesondere für die Festnahme eines Flüchtlings wurden Sach- und Geldprämien gewährt.

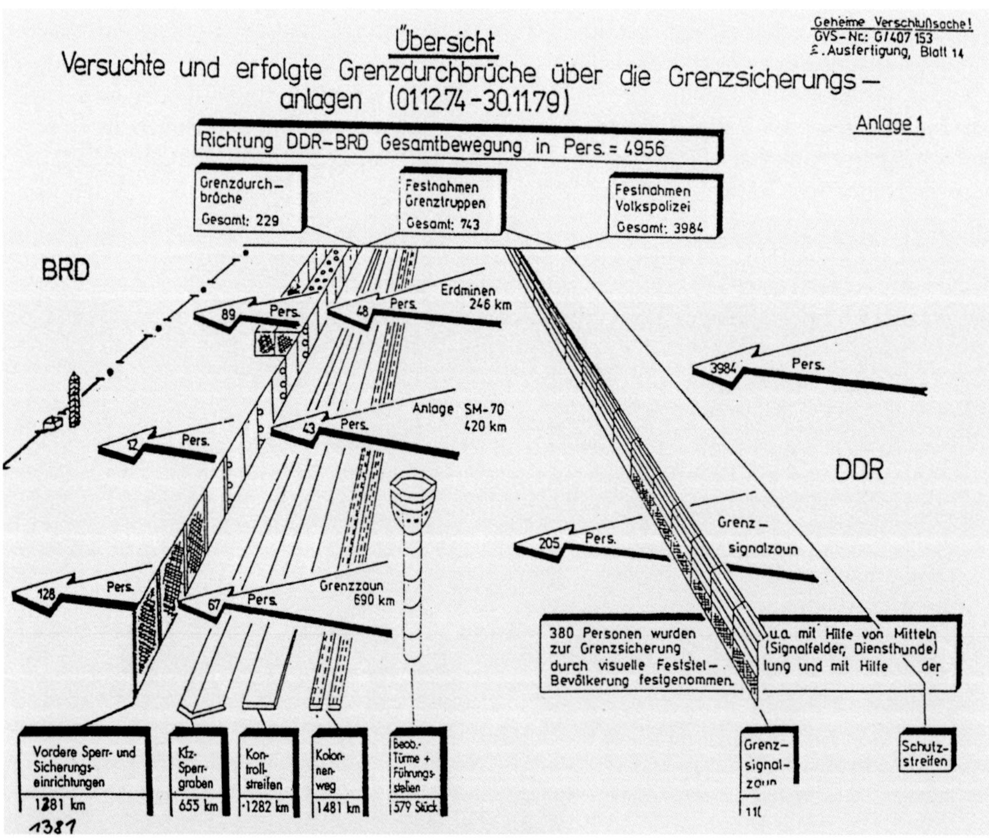

Von 4956 festgestellten Fluchtversuchen an der innerdeutschen Grenze scheiterten 3984 bereits vor dem ersten Sperrelement.

HUNDERT JAHRE MAUER?

Gewöhnung und Verdrängung

Begannen sich die Menschen allmählich an die Mauer zu gewöhnen? Ab Mitte der siebziger Jahre konnte man zumindest in West-Berlin fast den Eindruck haben. Die Mauer, die Teilung der Stadt gehörten zum Alltag, so beschwerlich und absurd ihre Auswirkungen diesen Alltag mitunter auch machten.

Im Mai 1971 gab es in der DDR einen Führungswechsel: Auf den greisen Ulbricht folgte Erich Honecker an der Spitze der SED. Ausgerechnet der »Architekt der Mauer« hatte also nun die Fäden in der Hand. Dennoch verbanden viele Menschen in der DDR mit dem Wechsel auch Hoffnungen, und diese schienen sich im Zuge der Entspannungspolitik mit ihren spürbaren Verbesserungen im Reise- und Besuchsverkehr teilweise sogar zu bewahrheiten. 1974 eröffneten beide deutsche Staaten in Ost-Berlin bzw. Bonn »Ständige Vertretungen«; auf internationalem Feld gewann die DDR zunehmend Anerkennung. Zwar verbesserten sich in den Folgejahren auch die materiellen Lebensbedingungen, von politischer und gesellschaftlicher Liberalisierung jedoch war nichts zu spüren, von einer Lockerung des Grenzregimes ganz zu schweigen. Im Gegenteil. Die Sperranlagen wurden weiter ausgebaut.

Bis 1989 gab es immer wieder Menschen, die buchstäblich ihr Leben riskierten, weil sie es in der Enge der DDR nicht aushielten. Ab 1985/86 verzeichneten die Grenztruppen sogar einen deutlichen Anstieg der versuchten und erfolgreichen Fluchtaktionen, in einigen Mauer-Abschnitten um mehr als 20 Prozent.

Auch Fahnenfluchten kamen immer wieder vor, wie im September 1986 in der Nähe des Reichstags oder zwei Monate später am Teltow-Kanal. Dort hatte der Grenzposten Mathias Sch. seinen Postenführer zunächst entwaffnet, dann zur gemeinsamen Flucht aufgefordert. Der aber wollte nicht, worauf Sch. allein über Sperrzaun und Mauer nach West-Berlin kletterte. Seine Kalaschnikow lehnte er vorher feinsäuberlich an den Zaun, den Lauf in den Boden gebohrt.

Von Ost nach West, von West nach Ost

Am 21. August 1988 wurden Dutzende Touristen am Reichstagsufer jäh aus ihrer Beschaulichkeit gerissen. Gegen 10.00 Uhr vormittags schlugen sich vier junge Leute, zwei Frauen und zwei Männer, durch die Sperranlagen. Sie hatten schon fast das östliche Spreeufer erreicht, als ein Grenzposten sie entdeckte. Kopfüber stürzten sich die vier in die Spree und versuchten, schwimmend das westliche Ufer zu erreichen. DDR-Grenzer verfolgten mit einem Boot die sich verzweifelt vorwärtskämpfenden Flüchtlinge und bekamen eine der Frauen zu fassen, doch gelang es ihr, sich wieder loszureißen. Ein zufällig auf der Westseite der Spree anwesendes Kamerateam filmte die dramatischen Szenen. Von den Augenzeugen angefeuert, erreichten alle vier Flüchtlinge schließlich erschöpft das westliche Ufer.

Diese Flucht vor laufenden Kameras, unter den Augen zunächst empörter, dann begeisterter Zuschauer, bereitete der Grenztruppen-Führung besonderes Kopfzerbrechen. Es wurde angeordnet: »Publikumswirksame Abschnitte grundsätzlich neu zu beurteilen, gut ausgewählte Grenzposten einzusetzen und wo notwendig, diese auch auf 3 AGT (Angehörige der Grenztruppen, d. Verf.) zu erhöhen.«[35]

Der Effekt dieser Maßnahmen indes war nicht wie erwünscht. Wenige Monate später, am 14. Februar 1989, gelang zwei Männern ungefähr an der gleichen Stelle die Flucht. Mit einem LKW durchbrachen sie die Sperrzäune und stürzten sich in die Spree, mit Taucheranzügen vor der Kälte geschützt. Mit letzter Kraft gelangten die beiden ans westliche Ufer, ein dritter Flüchtling wurde von einem Grenztruppen-Boot abgefangen.

Auch »Grenzdurchbrüche« von West nach Ost hat es gegeben. Ein West-Berliner beispielsweise kletterte in den siebziger Jahren rund fünfzehnmal von Kreuzberg über die Mauer in den Osten, wo er regelmäßig festgenommen wurde. Im Verhör befragt, warum er keinen Grenzübergang benutze, antwortete er den Grenzoffizieren stereotyp, er wohne in Kreuzberg, gleich gegenüber seine Bekannten, und da sei der direkte Weg einfach der kürzeste. Dieser Logik hatten die Grenzer wenig entgegenzusetzen. Der »Grenzverletzer« wurde nach West-Berlin abgeschoben. Bis zum nächsten Mal.

Einigen solcher »Mauerspringer« war die Mauer ein ganz persönliches Ärgernis oder auch eine »sportliche Herausforderung«. Wie Rainer W., der Anfang der siebziger Jahre als 18-jähriger erstmals die Sperranlagen bei Potsdam-Babelsberg in Richtung Westen überwand. Dort blieb er jedoch nur ein Wochenende lang, weil es ihm »so richtig« nicht gefiel. Wenige Monate nach seiner Rückkehr in den Osten kletterte er, einem inneren Drang folgend, erneut über die Mauer. Später siedelte W. mit DDR-Genehmigung nach West-Berlin über – und sprang weiter, nun von West nach Ost. Die Grenztruppen entledigten sich des lästigen »Mauerspringers« nach kurzem Verhör jedes mal durch Abschiebung nach West-Berlin.

Während westliche Politiker sich in Verhandlungen mühsam um größere Durchlässigkeit der Mauer bemühten, erklärten rebellische Zeitgenossen dem Monstrum ihren ganz persönlichen Krieg.

Zu den skurrilsten Erscheinungen dieser »Szene« zählte zweifellos der US-Amerikaner John Runnings, der 1986/87 mehrere Attacken gegen die Mauer ritt. Im Sommer 1986 kam er nach Berlin und erkletterte mittels einer Leiter von Westen die Mauer. Weder westliche Polizisten noch DDR-Grenzsoldaten konnten ihn davon abhalten, 500 Meter auf der Mauer entlang zu balancieren, beobachtet von zahlreichen Zuschauern, die ihm aufmunternd applaudierten. Schließlich zwangen DDR-Grenzposten Runnings herunter und nahmen ihn in Gewahrsam. Um weiteres Aufsehen und diplomatische Verwicklungen zu vermeiden, schoben ihn die Behörden jedoch nach kurzem Verhör wieder ab.

Runnings ließ sich aber nicht einschüchtern und startete wenige Tage später erneut eine Aktion, bei der er sich rittlings auf die Mauer setzte und ihr symbolische Hammerschläge versetzte. Umgehend wurde er von DDR-Grenzposten verhaftet und am nächsten Tag in den Westen zurückgeschickt. Sein dritter »Mauerlauf« brachte ihm 53 Stunden DDR-Gefängnisaufenthalt ein.

Am Morgen des 1. Juli 1988 standen die Grenzposten im Bereich Potsdamer Platz vor einer Herausforderung besonderer Art – eine »Massenflucht« in den Osten. Über 200 West-Berliner Punks, Bewohner eines Hüttendorfes auf dem sogenannten Lenné-Dreieck, ergriffen vor anrückender Polizei die Flucht, und zwar über die Mauer nach Ost-Berlin. Damit ging ein mehrmonatiges Spektakel zu Ende, das zu den eher amüsanten Aspekten der Mauer zählt. Es verdankte sich einer topographischen Besonderheit, die an einigen Stellen der Grenze zu absonderlichen Verhältnissen führte. Die

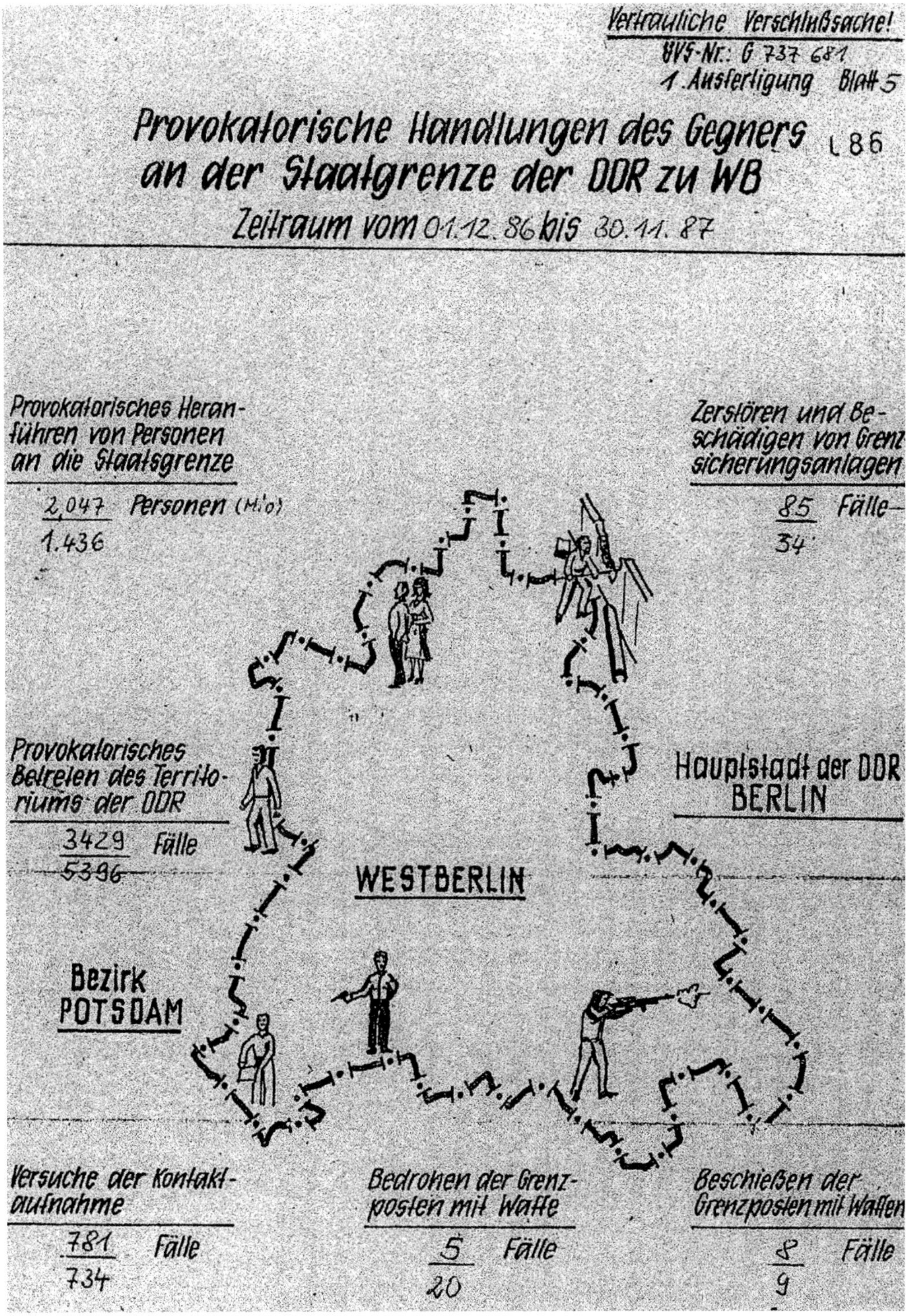

Grenztruppen-Aufstellung über Protestaktionen und andere Vorfälle an der »Staatsgrenze der DDR«.

Mauer stand keineswegs unmittelbar an der Demarkationslinie. Der Abstand zur eigentlichen Grenzlinie betrug zumeist 1 bis 2 Meter, an einigen Stellen auch erheblich mehr. Und mitten in der Stadt, am Potsdamer Platz, gab es jenes rund 4 Hektar große Gelände zwischen Lenné-, Bellevue- und Ebertstraße, das zwar zu Ost-Berlin gehörte, aber außerhalb der Mauer lag.

Im März 1988 vereinbarten Ost-Berlin und der West-Berliner Senat einen Gebietstausch, durch den das Lenné-Dreieck an den Westen fallen sollte. Bis zum Inkrafttreten des Abkommens am 1. Juli 1988 blieb dieses Gebiet jedoch exterritorial. Dies machten sich Kreuzberger Jugendliche aus der »autonomen Szene« zunutze, um aus Protest gegen Bebauungspläne des Senats ein Hüttendorf zu errichten, von Ost-Berlin stillschweigend geduldet. Mit wachsendem Amüsement beobachteten in den folgenden Wochen die Berliner, wie sich die Besetzer mit West-Berliner Ordnungshütern ein regelrechtes Katz-und-Maus-Spiel lieferten. Nach Rangeleien zogen die Jugendlichen sich jedes mal auf das Lenné-Dreieck zurück, wohin die West-Berliner Polizisten ihnen nicht folgen durften.

Pünktlich mit Inkrafttreten des Gebietstauschs rückten rund 900 Polizisten an und machten dem Treiben unter Einsatz von Tränengas eine Ende. Die Besetzer entzogen sich der Festnahme durch Sprung über die Mauer. Für die DDR-Grenztruppen kam die Aktion allerdings nicht unerwartet. Sie reagierten mit Gelassenheit auf diesen außergewöhnlichen »Grenzdurchbruch«. Die Punks wurden auf LKW zu einer Truppenunterkunft gefahren, mit einem Frühstück versorgt und nach Feststellung der Personalien über verschiedene Grenzübergänge nach West-Berlin zurückgeschickt.

Eine weiße Fläche reizt zur Bemalung. Das empfanden auch viele West-Berliner, als mit Errichtung der »Grenzmauer 75« ab 1976 eine kilometerlange, plane Fläche aus 3,60 Meter hohen Betonsegmenten entstand, die förmlich nach Farbe und Schrift schrie. Doch bildete die Mauer an keiner Stelle exakt die Grenze. Sie stand auf Ost-Berliner Gebiet, der Abstand zur eigentlichen Sektorengrenze betrug mindestens einen Meter. Für die Graffiti-Künstler bedeutete dies, dass zu den großzügigen Entfaltungsmöglichkeiten auf der westlichen Mauerseite auch noch der Reiz einer permanenten »Grenzverletzung« kam. Das sahen die DDR-Grenztruppen ebenso. Jahrelang wurden Grenzsoldaten mit Farbeimern und Pinsel durch niedrige Durchlasstore auf die »feindwärtige« Mauerseite geschickt, wo sie Graffitis zu übertünchen hatten.

1984 hatte Rainer Hildebrandt, Leiter des »Hauses am Checkpoint Charlie«, die Idee, einen Malwettbewerb auszuschreiben. An der Aktion unter dem Motto »Die Überwindung der Mauer durch ihre Bemalung« beteiligten sich auch namhafte internationale Künstler, darunter Lew Nussberg, Christophe Bouchets, Richard Hambleton und Jonathan Borowsky. Später malte auch Graffiti-Star Keith Haring seine berühmten Männchen auf die Mauer. Mittlerweile hatten es die Grenztruppen aufgegeben, die Bemalungen auf der »feindwärtigen« Seite zu beseitigen; nur noch in Ausnahmefällen gingen Grenzposten gegen Graffiti vor.

Bei aller Gewöhnung an die Mauer gab es doch auch Ereignisse, die die Emotionen in West-Berlin hochschlagen ließen. Wie etwa im Mai 1975, als der fünfjährige Cetin aus Kreuzberg beim Spielen in die Spree fiel. Nach wenigen Minuten trafen West-Berliner Taucher ein, die aber nicht ins Wasser durften und zusehen mussten, wie der Junge ertrank. An dieser Stelle gehörte die Spree in ihrer ganzen Breite zu Ost-Berlin. Ein DDR-Grenzboot traf viel zu spät am Unglücksort ein und konnte nur die Leiche des Jungen aus dem Wasser bergen. In West-Berlin löste der Vorfall einen Sturm der Entrüstung aus. Hunderte Menschen versammelten sich an der Spree und prangerten auf Plakaten »Kindermord« und »Unmenschlichkeit« des SED-Regimes an.

Der DDR passten derartige Ereignisse, mit denen die Mauer schlagartig wieder ins öffentliche Bewusstsein rückte, nicht ins Konzept. Nach dem Tod des Jungen trafen Ost und West eine Vereinbarung über »unbürokratische« Hilfeleistungen bei »Unglücksfällen an der Grenze«.

Hart an der Grenze: Exklaven und Idyllen

Das Lenné-Dreieck war nur einer der Orte, an denen der Verlauf der Mauer zu skurrilen Erscheinungen der Teilung führte. Dazu gehörte auch die West-Berliner Exklave Steinstücken. Das rund 13 Hektar große Gebiet mit seinen 130 Einwohnern im Südosten der Stadt war zur Gänze von DDR-Territorium umgeben. Seit Kriegsende bestand die einzige Verbindung zu West-Berlin in einem 1,1 Kilometer langen Feldweg, auf dem die Bewohner zwei Kontrollposten passieren mussten. Mit dem Bau der Mauer war Steinstücken vollständig von West-Berlin abgeschnitten und damit die Frage nach seiner Lebensfähigkeit gestellt. Am 21. September 1961 flog General Clay kurzerhand mit einem Hubschrauber nach Steinstücken, um so die Zugehörigkeit des Gebiets zu West-Berlin zu demonstrieren. Zum direkten »Schutz« wurden drei US-Soldaten in Steinstücken stationiert.

Für die Bewohner allerdings begannen lange Jahre der Bedrängnis und Schikanen. Die Grenzsperren durften nur polizeilich gemeldete Bewohner der Exklave, zudem Feuerwehr, Arzt und Hebamme passieren, bis nach Unterzeichnung des Viermächteabkommens nach einem Gebietstausch im August 1972 eine direkte Straßenverbindung zwischen Steinstücken und West-Berlin eröffnet wurde, beiderseits eng von der 3,60 Meter hohen Mauer eingefasst.

Mauer-Abschnitt in der Kreuzberger Zimmerstraße. Im Hintergrund ein Wachturm.

Eine andere Exklave war der sogenannte Eiskeller, mit dem West-Berliner Bezirk Spandau nur durch eine Stichstraße verbunden.

Während die Mauer an einigen Stellen größere Gebiete ausließ, wie beispielsweise das Lenné-Dreieck am Potsdamer Platz, gab es an anderen Stellen geradezu bizarre Baumaßnahmen, um einzelne Geländestücke und Häuser einzumauern. So etwa den »Entenschnabel« in Hermsdorf, im Norden Berlins, wo ein säuberlich ummauerter Gebietsstreifen weit nach West-Berlin hineinragte. An einigen Stellen, etwa in Treptow, lagen sich Ost- und West-Berliner Kleingarten-Kolonien so nah gegenüber, dass die Menschen sich gegenseitig auf die Gemüsebeete sehen konnten. Zusammen Kaffee trinken konnten sie nicht.

Ein Kleingarten fernab jeder Kolonie entstand am Kreuzberger Mariannenplatz. 1986 zog ein 60-jähriger Türke mit seiner Frau in die hart an der Mauer gelegene Gegend. Als er nach dem Besitzer eines brachliegenden Grundstücks fragte, erhielt er die Auskunft, es gehöre niemand. Kurz entschlossen pflanzte Osman Kalin dort einen Gemüsegarten an. Der lag allerdings auf Ost-Berliner Gebiet. Auch an dieser Stelle ließ die Mauer nämlich ein größeres Gebiet aus, das vom Westen zugänglich war. Anfangs wollten DDR-Grenzposten den Türken von dem Grundstück vertreiben, drohten sogar zu schießen. Doch Kalin und seine Frau ließen sich nicht einschüchtern und betrieben weiterhin ihre Gemüsezucht. Schließlich ließ sie das Grenzregiment gewähren.

Auch Fotos von solchen »provokatorischen Handlungen des Gegners« landeten in den Archiven der Grenztruppen.

Jugendproteste in Ost-Berlin

»Die Mauer muss weg!« Es gehörte schon einiger Mut dazu, dies im Jahr 1977 auf dem Ost-Berliner Alexanderplatz zu skandieren, noch dazu am 7. Oktober, dem hochoffiziellen Gründungstag der DDR. Mit Musikgruppen und Tanzrevuen sollten im Zentrum von Ost-Berlin 28 Jahre »Arbeiter- und Bauernstaat« gefeiert werden, bestellter Jubel inbegriffen. Bei einem Jazz-Konzert kam es zu ersten Rangeleien zwischen Jugendlichen und der Volkspolizei; es flogen Steine; Schaufensterscheiben gingen zu Bruch. Fast aus dem Nichts entwickelte sich eine regelrechte Straßenschlacht, bei der die Einsatzkräfte mit großer Härte vorgingen. Spott- und Hassgesänge von rund 1 000 Jugendlichen schlugen den Uniformträgern entgegen, und immer wieder: »Die Mauer muss weg!« Drei Jugendliche kamen bei den gewalttätigen Auseinandersetzungen ums Leben; mehrere Dutzend Personen erlitten zum Teil schwere Verletzungen. Über 150 Menschen wurden von Greiftrupps der Polizei und Stasi festgenommen.

Zum ersten Mal hatte es in Ost-Berlin einen spontanen Massenprotest gegen die Mauer gegeben. Fast war es, als seien damals zwei Welten aufeinandergetroffen: Hier die »jubelnden Werktätigen«, dort Hunderte Jugendliche, bei denen nur ein Funke genügte, um die Wut gegen das SED-Regime und das Symbol seiner Herrschaft, die Mauer, zum Ausbruch zu bringen.

Musik führte 1987 erneut zu Massenprotesten gegen die Mauer, bei denen es in Ost-Berlin wieder zu schweren Zusammenstößen kam. Zwischen dem 6. und 9. Juni 1987 gaben vor dem Reichstagsgebäude die internationalen Pop-Größen David Bowie, Genesis und Eurythmics umjubelte Konzerte. Einige Lautsprecher waren nach Osten ausgerichtet, wo sich Unter den Linden rund 4 000 Jugendliche einfanden, um zumindest akustisch an dem Rock-Spektakel teilzunehmen. Der Bereich um das Brandenburger Tor war von Grenztruppen und Stasi-Angehörigen weiträumig abgeriegelt. In der Nacht zum 9. Juni gelang es dennoch einigen hundert Jugendlichen, die Absperrungen zu durchbrechen und sich dem Brandenburger Tor zu nähern. Es kam zu einer regelrechten Straßenschlacht zwischen den Rock-Fans und Polizei, Grenztruppen- und Stasi-Angehörigen. Weithin vernehmbar ertönten Sprechchöre: »Die Mauer muss weg!« – »Gorbatschow, Gorbatschow«. Mit Schlagstockeinsatz wurde die Menge schließlich auseinandergetrieben. Stasi und Volkspolizei nahmen rund 200 Jugendliche fest.

Mitte der achtziger Jahre begann man auf Ost-Berliner Seite damit, die Absperrungen im Bereich Brandenburger Tor/Pariser Platz zu verstärken. Zur Begründung hieß es vom damaligen Leiter des »Informationszentrums im Brandenburger Tor«, Oberstleutnant Ganßauge: »Bei der gegenwärtigen Begrenzung ist es möglich, durch Unterkriechen des Schlagbaums und des Straßengeländers ins Grenzgebiet einzudringen bzw. die Grenzposten zu provozieren. Der Abschnitt bildet für demonstrative Handlungen eine günstige Möglichkeit, besonders beim Besuch von ausländischen Partei- und Staatsdelegationen.«[36]

Das sollte durch die Errichtung weiterer Metallgitterzäune und den Einbau zusätzlicher ferngesteuerter Tore unmöglich gemacht werden. Die erforderlichen Baumaßnahmen wurden im Sommer 1984 ausgeführt, unter strengster Kontrolle durch die Grenztruppen.

Es fügte sich, dass die beiden mächtigsten Männer der Welt Mitte der achtziger Jahre in relativ kurzem Abstand Besucher an der Berliner Mauer waren. Während der sowjetische Parteichef Gorbatschow 1986 den »heldenhaften Grenztruppen« noch pflichtschuldig seinen Dank für ihren Dienst für die Sicherheit in Europa aussprach, richtete US-Präsident Ronald Reagan im Juni 1987 vom Brandenburger Tor aus einen Appell an den neuen Kremlchef: »... solange das Tor zu ist, solange wird diese Mauer als Wunde fortbestehen; es ist nicht die deutsche Frage allein, die offen bleibt, sondern die Frage der Freiheit für die gesamte Menschheit ... Generalsekretär Gorbatschow, wenn Sie nach Frieden streben, wenn Sie Wohlstand für die Sowjetunion und für Osteuropa wünschen, wenn Sie Liberalisierungen wollen, dann kommen Sie hierher zu diesem Tor. Herr Gorbatschow, öffnen Sie dieses Tor! Herr Gorbatschow, reißen Sie diese Mauer nieder!«

Die DDR-Grenztruppen stellten damals am Brandenburger Tor riesige Lautsprecher auf, um die Rede von Reagan, der sich auch direkt an die Ost-Berliner Bevölkerung wandte, mit Musik zu übertönen. Im Westen wurde der US-Präsident für diese Rede eher belächelt, wenn nicht gar angefeindet. Bezeichnend vielleicht für die damalige politische Stimmungslage und die verbreitete Gleichgültigkeit gegenüber der Mauer. Die, so die verbreitete Meinung, würde noch Jahrzehnte stehen.

»High-Tech-Mauer 2000«

Die Mauer »wird auch in 50 oder 100 Jahren noch bestehen bleiben, wenn die dazu vorhandenen Gründe nicht beseitigt sind.«[37] Es muss vielen Menschen in der DDR ordentlich in die Glieder gefahren sein, was Partei- und Staatschef Honecker da am 19. Januar 1989 erklärte.

Die Grenztruppen-Führung sah noch 1989 keinerlei Veranlassung, an eine Lockerung des Grenzregimes zu denken. Im Gegenteil. Mit ausdrücklichem Bezug auf die Honecker-Äußerung »hundert Jahre Mauer« plante man den Ausbau der Grenzanlagen über das Jahr 2000 hinaus. »Es wird ... in den nächsten Jahren (bis 2000 und später) dabei bleiben, daß die DDR durch ihre Grenztruppen an der Staatsgrenze zur BRD und Berlin (West) das Grenzregime in der Form der Grenzsicherung ausgestalten muß ...«[38]

Man dachte weit voraus in der DDR. Noch 1988/89 wurden zum Beispiel detaillierte »Perspektivplanungen« für den Ausbau der Mauer bis zum Jahr 2000 entworfen, wobei man gleich zwei Ziele verfolgte. Zum einen sollte die Grenze für Flüchtlinge noch schwerer zu überwinden sein, zum anderen hatte die SED-Führung ein großes Interesse daran, dass so wenig wie möglich an der Mauer geschossen wurde. Jeder Schuss, jeder Tote an der Grenze schadete dem internationalen Ansehen der DDR. Und gerade die Außenwirkung erhielt in Zeiten eines rapide steigenden Kreditbedarfs wachsende Bedeutung.

Ergebnis dieser Bestrebungen war das Projekt »High-Tech-Mauer 2000«, eine Grenze, an der Fluchtversuche durch elektronische Überwachungssysteme bereits weit vor der Sperrmauer registriert und – möglichst ohne Anwendung der Schusswaffe – vereitelt werden sollten. In der Verlautbarungssprache des Grenztruppen-Kommandos liest sich das folgendermaßen: »Es sind vorrangig solche physikalischen Wirkprinzipien und technischen Mittel zur Anwendung zu bringen, die bei hoher Sicherheit die Ansatzpunkte zur Hetze gegen die DDR für Gegner verringern.«[39] Mit anderen Worten: High-Tech statt Schüsse.

Beide Zielsetzungen, die Verhinderung von weiteren »Grenzdurchbrüchen« und möglichst seltener Schusswaffengebrauch, fanden sich auch in einem Konzept des Grenztruppen-Kommandos vom 6. Mai 1988 zur »Entwicklung von Grenzsicherungstechnik für den Zeitraum 1990–2000« wieder.

Insgesamt wurde darin verstärkt auf Sensortechnik und Elektronik statt auf Sperrzaun, Mauer und Schusswaffe gesetzt. Vorgesehen war eine ganze Palette von technischen Neuerungen. So wollte man »neue wirksame Ergänzungsgeräte für die Signalzaunanlagen, insbesondere für die Signalation des Übersteigens« installieren. Es sollten die technischen, materiellen und logistischen Mittel geschaffen werden, um im genannten Zeitraum mikroelektronische Sensortechnik flächendeckend auszulegen,

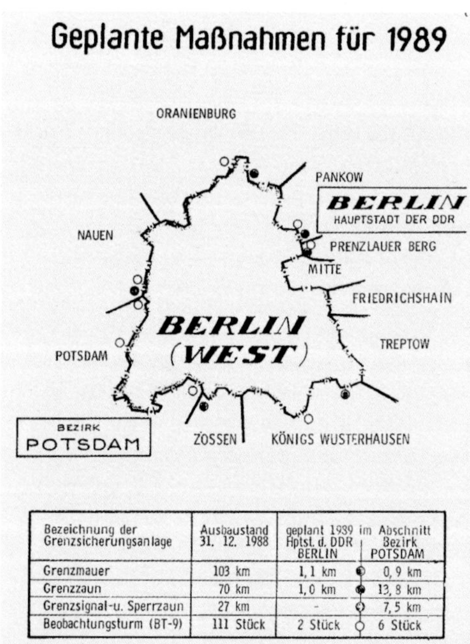

Bezeichnung der Grenzsicherungsanlage	Ausbaustand 31. 12. 1988	geplant 1989 im Abschnitt Hptst. d. DDR BERLIN	Abschnitt Bezirk POTSDAM
Grenzmauer	103 km	1,1 km	0,9 km
Grenzzaun	70 km	1,0 km	13,8 km
Grenzsignal-u. Sperrzaun	27 km	-	7,5 km
Beobachtungsturm (BT-9)	111 Stück	2 Stück	6 Stück

»Sie wird auch in 100 Jahren noch bestehen bleiben ...« Planungen der Grenztruppen 1989.

digitalisierte Daten zentral zu erfassen und rechnergestützt auszuwerten. Parallel dazu war geplant, die Grenzpatrouillen mit mobilen Bewegungsmeldern und Nachtsichtgeräten auszurüsten.

Das DDR-Verteidigungsministerium vergab zahlreiche Entwicklungsaufträge, etwa an das Potsdamer »Zentralinstitut für Physik der Erde« für »seismische Meldungsgebersysteme«. Im Januar 1985 stellten die Potsdamer Physiker ihre Prototypen vor: »Detektion: Einzelperson 3–8 Meter, LKW 40–100 Meter.« Installationspreis pro Kilometer rund 15 000 Mark. Doch auch hier blieben Probleme: »Die Unterscheidung von Personen und Tieren mit Hilfe seismischer Sensoren wurde noch nicht gelöst.«[40] Überhaupt ergaben sich beim Projekt »High-Tech-Mauer« bald größere Schwierigkeiten, die vor allem in der Rückständigkeit der elektronischen Industrie und der notorischen Finanzknappheit der DDR begründet waren.

So beklagte der Chef Planungswesen des Verteidigungsministeriums im Juni 1988: »Sensoren zur Auffassung magnetischer, infraroter und akustischer Felder von Personen ..., die unter den Bedingungen dichtbesiedelter und bewachsener Gebiete zuverlässig arbeiten, sind bisher nicht bekannt.«[41]

Ungeachtet der sich zuspitzenden wirtschaftlichen und politischen Krise in der DDR wurden die Ausbaupläne für das Grenzregime auch 1988 und 1989 mit Nachdruck vorangetrieben. Ein Vorschlag des »Chef Technik und Bewaffnung« der Grenztruppen vom 30. Dezember 1988 enthielt einen ganzen Katalog von elektronischen Neuerungen an der »Staatsgrenze zu Berlin (West)«. Kernstück war die »Grenzsignalzaunanlage 90« mit »Streckmetallsensor, Feldsensor, Energieversorgungseinrichtungen, Grenzsignalzauntor- und Wasserdurchlaßsicherung«, angeschlossen an eine rechnergestützte »zentrale Auswertungseinrichtung«. Ein elektronisches »Geländeüberwachungsgerät GÜG 89« sollte ab 1993 installiert werden, wobei die Kosten für jeweils 100 Stück an der innerdeutschen Grenze mit 1,2 Millionen Mark veranschlagt wurden. Annäherungen an Sperrzäune und Mauer sollten durch eine Infrarotschranke (Stückpreis 15 000 Mark) gemeldet werden. Ab 1991 sollte der »Vibrationsmeldegeber ›Gawott‹ DS-80 W« speziell zur Überwachung von Wassersperren installiert werden. Kosten pro System: 15 500 Rubel. Die Funktion des »Funkmeßaufklärungsgeräts ›Kredo‹-1 RL 133« wurde wie folgt beschrieben: »Überwachung eines Geländeabschnittes auf Betreten durch Personen bzw. Befahren mit Räder- oder Kettentechnik«. Stückpreis: rund 30 000 Rubel. Bereits für 1988/89 war die Einführung einer »Mikrowellenschranke« mit der Typenbezeichnung »Georgin-RLD-73« zur elektronischen Überwachung eines Geländeabschnittes geplant.[42]

Ein heikles Thema war die Finanzierung der geplanten High-Tech-Grenze. Aus dem Verteidigungsministerium erging im Juni 1988 ein Schreiben an das Grenztruppen-Kommando, in dem das Finanzierungsproblem nachdrücklich betont wurde. Mit Entwicklung und Installation »moderner Sicherungsanlagen (sind) hohe materielle und finanzielle Aufwendungen verbunden. Dem ökonomischen Teil ist deshalb bei der Erarbeitung der Hauptrichtungen für den Zeitraum 1991–1995/2000 besondere Beachtung zu widmen.«[43] Dieser Sparsamkeits-Appell wird verständlich, wenn man die katastrophale wirtschaftliche Situation der DDR bedenkt, die 1988 vor der Zahlungsunfähigkeit stand. Dennoch enthielt der DDR-Haushalt 1989 für die Grenzsicherung noch Ausgaben in Höhe von 1,221 Milliarden Mark. Allein für die Installierung der »Grenzsicherungsanlage 90 ›GSA 90‹« sollten 42,2 Millionen Mark bis 1996 aufgewendet werden.

Doch die Geschichte, vielmehr die Menschen in der DDR wollten es anders.

DER FALL DER MAUER

Ein System löst sich auf

Östlich des »Eisernen Vorhangs« hatte es zu gären begonnen. Insbesondere in Polen und Ungarn wurde ab Mitte der achtziger Jahre die Kritik an den kommunistischen Staatsparteien lauter. Oppositionsgruppen fanden immer größeren Zulauf und wurden unerschrockener in ihrem Protest gegen politische Unterdrückung. In der Sowjetunion stand seit März 1985 Michail Gorbatschow an der Spitze der Kommunistischen Partei. Er machte die Begriffe »Glasnost« und »Perestroika« in aller Welt bekannt.

In Ost-Berlin aber regierten noch immer dieselben alten Männer. Politbüro-Mitglied Kurt Hager über die politischen Veränderungen in der Sowjetunion: Wenn der Nachbar seine Wohnung renoviere, müsse man noch lange nicht sein eigenes Zimmer neu tapezieren. Kein Handlungsbedarf also in der Partei- und Staatsführung der DDR.

Im Frühjahr 1989 spitzte sich die politische und ökonomische Krise des Ostblocks dramatisch zu. Als erste Staaten zogen Ungarn und Polen Konsequenzen aus dem offenkundigen Scheitern des »real existierenden Sozialismus«, indem sie die Einführung eines Mehrparteiensystems und marktwirtschaftlicher Strukturen einleiteten. Zudem waren die ungarischen Reformer nicht länger bereit, sich an der faktischen Einschließung der osteuropäischen Bevölkerung zu beteiligen. Am 2. Mai 1989 wurden die Stacheldrahtzäune an der Grenze zu Österreich durchtrennt. Der »Eiserne Vorhang«,

7. Oktober 1989: Michail Gorbatschow und Erich Honecker bei der Parade zum 40. Jahrestag der DDR.

und damit mittelbar auch die Mauer, hatte erste dauerhafte Lücken bekommen.

In den folgenden Wochen und Monaten entwickelte sich die Grenze zwischen Ungarn und Österreich für eine wachsende Zahl von DDR-Bürgern zum Schlupfloch. Am 19. August kam es bei Sopron zur größten Massenflucht von DDR-Bürgern seit dem Mauerbau. Über 600 Menschen überrannten am Rande einer politischen Veranstaltung triumphierend die Grenze nach Österreich. Die bundesdeutschen Botschaften in Budapest und Prag verwandelten sich im Spätsommer zu wahren Heerlagern von ausreisewilligen DDR-Bürgern. Am 11. September erklärte die ungarische Regierung offiziell die Öffnung der Grenze zu Österreich.

Der DDR-Führung stand das Wasser allmählich bis zum Hals. In Leipzig wurde seit Mitte September jeden Montag für gesellschaftliche Veränderungen demonstriert. Von Woche zu Woche nahm die Zahl der Demonstranten zu. Gleichzeitig signalisierte die sowjetische Führung, dass die Stabilisierung der DDR nicht auf Kosten der Moskauer Interessen gegenüber der Bundesrepublik und Westeuropa geschehen könne. »Wer zu spät kommt, den bestraft das Leben«, erklärte Michail Gorbatschow.

Der politische und ökonomische Druck auf die Staatsführung wuchs. Als Anfang 1989 noch dem letzten SED-Machthaber klar geworden war, dass nur Kredite aus dem Westen die DDR wirtschaftlich (und damit auch politisch) würden retten können, wurden auch hinsichtlich des Grenzregimes Konsequenzen gezogen. Nichts hatte dem internationalen Ansehen der DDR seit 1961 so sehr geschadet wie Schüsse an der Mauer. Mit Befehl des Verteidigungsministers vom 3. April 1989 erging die Weisung, zur Verhinderung von Grenzdurchbrüchen die Schusswaffe nicht mehr anzuwenden, außer bei Bedrohung des eigenen Lebens oder des Lebens anderer Personen, etwa von Geiseln. Noch zwei Monate zuvor, in der Nacht vom 5. auf den 6. Februar 1989, war der 20-jährige Chris Gueffroy in Berlin-Treptow bei einem Fluchtversuch erschossen worden. Gueffroy war der letzte Flüchtling, der an der Mauer ums Leben kam. Aber auch nach dem Befehl vom 3. April 1989 fielen noch Schüsse. Als am 8. April zwei Ost-Berliner Jugendliche versuchten, durch den Grenzübergang Chausseestraße in den Westen zu sprinten, wurden sie durch den Warnschuss eines DDR-Passkontrolleurs gestoppt und anschließend festgenommen.

Der 9. November 1989

So beiläufig wurde noch selten Weltgeschichte gemacht bzw. verkündet.

Am Abend des 9. November 1989 hält Günter Schabowski, Mitglied des Politbüros, im Internationalen Pressezentrum in der Mohrenstraße in Ost-Berlin eine Pressekonferenz, die vom DDR-Fernsehen live übertragen wird. Unter den Journalisten aus aller Welt herrscht gespannte Erwartung, da sich die Ereignisse in den vergangenen Tagen dramatisch zugespitzt haben. Erst am Vortag ist das gesamte Politbüro der SED zurückgetreten. Doch der übermüdete Schabowski belässt es zunächst bei inhaltsarmen Berichten über die letzte ZK-Sitzung.

Um 18.53 Uhr kramt Schabowski auf Nachfrage eines italienischen Journalisten einen Zettel hervor und liest ihn flüchtig, unter mehrmaligem Stocken vor. Offenbar weiß er gar nicht, was auf dem Zettel steht, der ihm kurz vor Beginn der Pressekonferenz von Egon Krenz, dem Nachfolger Honeckers, zugesteckt wurde:

»Privatreisen nach dem Ausland können ohne Vorliegen von Voraussetzungen – Reiseanlässe und Verwandtschaftsverhältnisse – beantragt werden. Die Genehmigungen werden kurzfristig erteilt. Die zuständigen Abteilungen Paß- und Meldewesen der

VPKÄ« – Schabowski blickt auf – »der Volkspolizeikreisämter – in der DDR sind angewiesen, Visa zur ständigen Ausreise unverzüglich zu erteilen, ohne daß dabei noch geltende Voraussetzungen für eine ständige Ausreise vorliegen müssen.«

Raunen im Saal. Was soll das heißen? »Privatreisen«, »Reiseanlässe«, »kurzfristige Genehmigungen«? Unter den Journalisten herrscht Verwirrung. Auch Günter Schabowski auf dem Podium hat offenbar Mühe zu verstehen, was er da verlesen hat.

Frage: »Gilt das auch für West-Berlin?«

Schabowski zuckt mit den Schultern, wühlt in seinen Papieren: »Also (Pause) – doch, doch.« Dann liest er weiter vor: »Die ständige Ausreise kann über alle Grenzübergangsstellen der DDR zur BRD bzw. zu Berlin-West erfolgen.«

Frage: »Wann tritt das in Kraft?«

Wieder kramt Schabowski etwas ratlos in seinen Papieren: »Das tritt nach meiner Kenntnis ... ist das sofort, unverzüglich.«[44]

Die »Tagesschau« bringt um 20.00 Uhr als Top-Meldung »DDR öffnet Grenze!« Viele Ost-Berliner erfahren in dieser Darstellung von den Aussagen Schabowskis. Was am 9. November 1989 in Berlin weiter geschieht, speist sich aus vielen Quellen: dem Hoffen und Drängen der Menschen, den Interpretationen und Spekulationen der Medien, der Verunsicherung der SED-Führung, der Ratlosigkeit eines Grenzregimes ohne Befehle.

Es ist ein historischer Augenblick, in dem in rasender Geschwindigkeit Vermutungen zu Tatsachen, Missverständnisse zu Informationen, in dem vor allem Erbitterung und Hoffnungen der Ost-Berliner zur Tat und Freiheitswünsche Wirklichkeit werden.

Am Grenzübergang Bornholmer Straße haben sich um 20.30 Uhr schon mehrere hundert Menschen versammelt, aufgescheucht durch die Nachrichten in Radio und Fernsehen. Einige verlangen von den Grenzern Durchlass, andere sind gekommen, um erst mal zu sehen, »was eigentlich los ist«. Von Minute zu Minute schwillt die Menge weiter an. Auch in der Invalidenstraße und der Sonnenallee strömen zu diesem Zeitpunkt immer mehr Ost-Berliner zu den Grenzübergängen. Ebenso wächst auf West-Berliner Seite an den Übergängen die Zahl derer, die sich die weitere Entwicklung mit eigenen Augen ansehen wollen.

Der Druck auf die Grenzsperren nimmt zu. Die Kommandeure und Grenzposten sind nervös und verunsichert. Keiner hat ihnen gesagt, wie sie sich zu verhalten

Günter Schabowski (r.) auf der historischen Pressekonferenz am Abend des 9. November 1989.

BStU
000017

2

Beschlußvorschlag

Zur Veränderung der Situation der ständigen Ausreise von DDR-Bürgern nach der BRD über die CSSR wird festgelegt:

1. Die Verordnung vom 30. November 1988 über Reisen von Bürgern der DDR in das Ausland (GBl. I Nr. 25 S. 271) findet bis zur Inkraftsetzung des neuen Reisegesetzes keine Anwendung mehr.

2. Ab sofort treten folgende ~~zeitweilige Übergangs~~Regelungen für Reisen und ständige Ausreisen aus der DDR in das Ausland in Kraft:

   a) Privatreisen nach dem Ausland können ohne Vorliegen von Voraussetzungen (Reiseanlässe und Verwandtschaftsverhältnisse) beantragt werden. Die Genehmigungen werden kurzfristig erteilt. Versagungsgründe werden nur in besonderen Ausnahmefällen angewandt.

   b) Die zuständigen Abteilungen Paß- und Meldewesen der VPKÄ in der DDR sind angewiesen, Visa zur ständigen Ausreise unverzüglich zu erteilen, ohne daß dafür noch geltende Voraussetzungen für eine ständige Ausreise vorliegen müssen. Die Antragstellung auf ständige Ausreise ist wie bisher auch bei den Abteilungen Innere Angelegenheiten möglich.

   c) Ständige Ausreisen können über alle Grenzübergangsstellen der DDR zur BRD bzw. zu Berlin (West) erfolgen.

   d) Damit entfällt die vorübergehend ermöglichte Erteilung von entsprechenden Genehmigungen in Auslandsvertretungen der DDR bzw. die ständige Ausreise mit dem Personalausweis der DDR über Drittstaaten.

BStU
000018

3. Über die zeitweiligen Übergangsregelungen ist die beigefügte Pressemitteilung am 10. November 1989 zu veröffentlichen.

<u>Verantwortlich:</u> Regierungssprecher beim Ministerrat der DDR

Der von Schabowski verlesene »Zettel«, der am 9. November den Fall der Mauer einleitete.

haben. Gegen 21.00 Uhr fordert die Menge an der Bornholmer Straße lautstark die Öffnung des Schlagbaums; der Rückstau von Autos reicht mittlerweile über einen Kilometer weit.

Immer energischer fordert die wachsende Menge »Tor auf! Tor auf!« Um 22.30 Uhr ruft der diensthabende Chef der Grenzübergangsstelle Bornholmer Straße seinen Vorgesetzten an: »Es ist nicht mehr zu halten. Wir müssen die GÜST aufmachen. Ich stelle die Kontrollen ein und lasse die Leute raus.«[45]

Tausende Menschen strömen nun über die Bornholmer Brücke nach West-Berlin. Auch in der Sonnenallee und der Invalidenstraße sind kurze Zeit später die Sperren unter dem Ansturm der Menschen gefallen.

Am Checkpoint Charlie, seit 28 Jahren immer wieder Schauplatz dramatischer Ereignisse und direkter Konfrontationen, haben sich im Laufe des Abends auf beiden Seiten mehrere hundert Menschen versammelt. Als der Druck auf die Grenzsperren von Ost und West immer größer wird, versucht es der GÜST-Kommandant mit einer defensiven Maßnahme. Gegen 23.00 Uhr lässt er alle verfügbaren Absperrungen und Rollgittertore schließen. Nun tönt es viel hundertfach von Westen: »Lasst uns rein!«, von Osten: »Lasst uns raus!« Kurz vor Mitternacht gibt der Kommandant dem Druck nach. Auch am Checkpoint Charlie öffnen sich die Absperrungen.

Um 00.02 Uhr stehen laut Lagebericht der Ost-Berliner Polizei sämtliche Grenzübergänge in der Stadt offen. Die Mauer ist gefallen.

Die meisten Ost-Berliner sind vom Fall der Mauer und der neuerrungenen Freiheit schier überwältigt. Jubelnd, viele mit Tränen in den Augen, drängen sie durch die Sperranlagen und werden von West-Berlinern begeistert gefeiert. Wildfremde Menschen liegen sich in den Armen. Stoßstange an Stoßstange bewegen sich Trabis und Wartburgs im Strom der jubelnden Menge nach West-Berlin. Ihre Gefühle können die Menschen nur schwer in Worte fassen. »Wahnsinn!« ist das meistgehörte Wort in dieser Nacht. An den Grenzübergängen fließt der Sekt. Fast ganz Berlin ist auf den Beinen und feiert.

Die Grenztruppen der DDR waren auf die sich überstürzenden Ereignisse am Abend des 9. November 1989 in keiner Weise vorbereitet. Für Kommandeure und Truppen kamen die von Schabowski verkündete Reiseregelung und die sich anschließende Entwicklung völlig überraschend.

Grenztruppen-Chef Baumgarten erhielt die Nachricht von der Zuspitzung an den Grenzübergängen am Abend des 9. November im Verteidigungsministerium in Strausberg, wohin er nach der ZK-Sitzung gefahren war. Von den Ereignissen völlig überrascht, war er zu keiner konkreten Weisung fähig. Die Führungsspitze von NVA und Grenztruppen hatte am 9. November offenkundig keinerlei Überblick mehr über die Lage. Ohne Beschlüsse ging man um 1.00 Uhr auseinander. Der Chef des Stabes der Grenztruppen, Generalmajor Dieter Teichmann, beklagte sich später heftig über mangelnde Informationen: »Uns fehlte so jede Möglichkeit, notwendige Vorbereitungen an der Grenze zu treffen. ... Für mich war das zunächst unfaßbar, übers Fernsehen von der Grenzöffnung zu erfahren.«[46]

Die Möglichkeit eines gewaltsamen Einschreitens gegen die von Osten andrängenden Menschen schlossen die GÜST-Kommandanten jeweils in eigener Entscheidung aus. Allen war klar, was der Dienst habende Offizier der Grenztruppen im Bereich Bornholmer Straße, Manfred Sens, so formulierte: »Wenn die Massen ins Rennen kommen und wir schießen, dann hängen wir da vorne am Fahnenmast.«[47]

Nicht wenige Angehörige der Grenztruppen empfanden Wut und Enttäuschung. Und sie machten aus ihrem Herzen keine

Mördergrube: »Die Ereignisse vom 9.11.1989 bzw. 10.11.1989 betrachten wir schlichtweg als Verrat und Hohn gegenüber den Leistungen der Schutz- und Sicherheitsorgane, insbesondere der Grenztruppen. Ohne uns in Kenntnis zu setzen, wurden Entscheidungen getroffen, die uns zwangen, alle militärischen und parteilichen Prinzipien aufzugeben«, heißt es in einer Protestresolution des Grenzregiments 36 vom 10. November 1989.

Viele Grenztruppen-Offiziere äußerten später ihre Enttäuschung darüber, wie schnell die politische Führung der DDR »von der Bildfläche verschwand«: »Dabei waren sie am 7. Oktober noch überzeugt, die Mauer steht noch hundert Jahre, obwohl an diesem 40. Jahrestag der DDR schon Losungen an den Häusern erschienen waren, daß die Menschen nicht mehr wollten ... Naja, und dann war plötzlich die Grenze offen, und die, für die wir sie jahrelang bewacht haben, waren in der Versenkung verschwunden.«[48]

Unverkennbar hatte aber auch, anders als der Tenor jener Protestresolution des Grenzregiments 36 vermuten lässt, die Moral bei vielen Angehörigen der Grenztruppen in den vorangegangenen Wochen und Monaten schwer gelitten. Immer mehr Grenzsoldaten und Offiziere sahen im »zuverlässigen Schutz der Grenze« kaum noch einen Sinn. In den Grenzregimentern wuchs der Diskussionsbedarf. Die Kommandoebene allerdings schwieg zu alldem.

Am 10. November – die »Nacht der Nächte« war vorüber und ganz Berlin weiter in Hochstimmung – ordneten Parteichef Krenz und Verteidigungsminister Keßler militärische Vorsichtsmaßnahmen an. Es wurde eine »operative Führungsgruppe« gebildet, die laufend Informationen über die Situation an den offenen Grenzen sammeln, die »Lage des Gegners« einschätzen und »Vorschläge für gesamtstaatliche Führungsentscheidungen« vorbereiten sollte. Weitgehend unklar blieb jedoch, wogegen diese Entscheidungen sich richten, was sie verhindern sollten. Erkennbar war das Bemühen der DDR-Führung, das unkontrollierte Auseinanderdriften der einzelnen Machtzentren (Partei, Staatsorgane, Armee, Grenztruppen, Staatssicherheit) zu verhindern und die Initiative wieder an sich zu reißen. Dazu

Tausende von Berlinern erklimmen die Mauer am Brandenburger Tor.

gehörten auch Mobilmachungsmaßnahmen, denen allerdings keine weitergehenden Planungen, etwa die Grenze unter Militäreinsatz wieder dichtzumachen, zugrunde lagen. Im nachhinein bestritt u.a. der stellvertretende Verteidigungsminister Fritz Streletz mit Nachdruck, dass eine derartige Möglichkeit nach dem 9. November je in Betracht gezogen worden sei. Doch wurde in den frühen Morgenstunden des 10. November etwa für die 1. Motorisierte Schützendivision in Potsdam (rund 10 000 Mann, 3 Panzerregimenter, 1 Artillerie-Regiment, 1 Flak-Raketenregiment) und das Luftsturmregiment 40 (600 Mann) erhöhte Gefechtsbereitschaft befohlen.

Im gesamten Grenzkommando Mitte (11 500 Mann) herrschte seit dem 10. November, 00.20 Uhr, also kurz nach dem Fall der Mauer, erhöhte Gefechtsbereitschaft. Es galt die NVA-Direktive, »Maßnahmen zur Verstärkung der Grenzsicherung und zur Erhöhung ihrer Bereitschaft zum Übergang zur gefechtsmäßigen Grenzsicherung sowie zur Erfüllung von Gefechts- und Mobilmachungsaufgaben« zu ergreifen.[49] Das beinhaltete die Ausgabe von Munition und Aktivierung von Waffen und Fahrzeugen. Auch das Ministerium für Staatssicherheit wurde am 10. November in erhöhte Alarmbereitschaft versetzt. Ab sofort hatten alle verfügbaren MfS-Angehörigen »aufgrund der Lage ... bis auf Widerruf in den Diensteinheiten bzw. Einsatzobjekten zu verbleiben. «[50]

Mit dem Bestand der 1. MSD, des Luftsturmregiments 40, des Grenzkommandos Mitte und des zum MfS gehörende Wachregiment »Feliks Dzierzynski« (11 400 Mann) standen insgesamt 30 000 Mann in Gefechtsbereitschaft.

Die Geschichte eines Zettels

Die DDR-Führung hatte angesichts der explosiven Stimmungslage in der Bevölkerung und des wachsenden Drucks der Straße – der Leipziger »Montagsdemonstrationen« und der Massendemonstration in Ost-Berlin am 4. November – keine Alternative zur Liberalisierung der Reisebestimmungen, faktisch zur Öffnung der Grenze mehr gesehen. Allerdings sollte dies unter genauer Kontrolle des Regimes, nach vorgegebenem Zeitplan und unter voller Wahrung der staatlichen Souveränität der DDR geschehen. Zusätzlich setzte die CSSR, die seit Wochen einen gewaltigen Flüchtlingsstrom zu bewältigen hatte, die SED-Führung unter Zugzwang.

Nach hektischen, streckenweise konfusen Diskussionen in den Führungsgremien von Partei und Staat war an das Ministerium für Staatssicherheit der Auftrag zur Vorbereitung eines neuen Reisegesetzes ergangen. Am 7. November legte Generalleutnant Gerhard Neiber, Stellvertreter des Stasi-Chefs Mielke, einen Entwurf vor, demzufolge »ständige Ausreisen« (d.h. Übersiedlung in die BRD, d.Verf.) nach Visaerteilung genehmigt werden sollten, »ohne daß dafür noch geltende Voraussetzungen ... vorliegen müssen«.

Am Morgen des 9. November dann setzten sich vier hohe Offiziere, zwei vom Ministerium für Staatssicherheit, zwei vom Innenministerium, zusammen, um ein neues Reisegesetz auszuarbeiten. Man kam überein, »Nägel mit Köpfen« zu machen, also Fragen der »ständigen Ausreise« und »Privatreisen« zu verkoppeln. Es sollte damit verhindert werden, dass Besuchsreisende durch höhere bürokratische Hürden wie längere Bearbeitungszeiten gegenüber »Übersiedlern« schlechter gestellt würden, was nach Einschätzung der vier Offiziere bei der Masse der DDR-Bürger zu weiterem Unmut geführt hätte. Der Besitz eines Passes, über den zu diesem Zeitpunkt nur rund 4 Millionen DDR-Bürger (bei einer Gesamtbevölkerung von rund 17 Millionen) verfügten, sollte zur Bedingung gemacht werden. So glaubte man, einem überstürzten Aufbruch der DDR-Bürger einen Riegel vorschieben zu können. Das Ministerium für Staatssicherheit versah den Entwurf mit einer Sperrfrist zur Veröffentlichung bis zum 10. November, 4.00 Uhr.

Unterdessen wurde die politische Lage immer gespannter. Am Vortag, dem 8. November, war das gesamte Politbüro zurückgetreten. Die alte Garde um Mielke, Hager, Axen, Stoph verlor ihre Macht. Honecker war bereits am 18. Oktober von Egon Krenz als Generalsekretär abgelöst worden. Leute wie Schabowski und Kleiber rückten nach vorn.

Bei der Vorlage des Entwurfs, in dem es nun, entgegen den ursprünglichen Vorgaben, um ständige Ausreisen und Besuchsreisen ging, im neuformierten Politbüro war Schabowski nicht anwesend. Krenz drängte gegen 17.30 Uhr Schabowski, in seiner neuen Funktion als »Regierungssprecher« die neue Regelung sofort bekannt zu geben. Allerdings handelte es sich formal immer noch um einen »Vorschlag« und keinen »Beschluss« des Ministerrats, was Schabowski jedoch nicht klar war. Gegen 18.00 Uhr trat er vor die Presse und die Dinge nahmen ihren Lauf.

Das Ende des Grenzregimes

Mit dem Fall der Mauer am 9. November 1989 hatte die Bevölkerung der DDR gewissermaßen »eigenhändig« das Grenzregime beendet. SED-Führung und Grenztruppen-Kommando blieb nichts anderes übrig, als in den folgenden Wochen und Monaten daraus die praktischen Konsequenzen zu ziehen.

Es fiel den Militärs nicht leicht, sich an die neuen Verhältnisse zu gewöhnen. So ist im Richtlinen-Befehl 101/89 des Verteidigungsministers vom 21. Dezember 1989 noch von »Grenzverletzern« die Rede: »... Personen, die die Staatsgrenze verletzt haben, ... sind festzunehmen.« Allerdings wurde der Schusswaffengebrauch außer in Fällen von Notwehr ausdrücklich untersagt. Im Grunde wusste die Militärführung sehr genau, was die Stunde geschlagen hatte. »Der pionier- und signaltechnische Ausbau der Staatsgrenze ist einzustellen. ... Nicht mehr benötigte Grenzsicherungsanlagen bzw. solche, die dem Ansehen der DDR schaden, sind abzubauen.« Zugleich wurde der Schießbefehl endgültig aufgehoben. »Die Anwendung der Schußwaffe, mit Ausnahme der Abwehr von Angriffen auf das Leben der Angehörigen der Grenztruppen oder anderer Bürger der DDR, ist zuverlässig auszuschließen.«[51]

Zu diesem Zeitpunkt hatte die Wirklichkeit derartige Befehle längst überholt.

Anfang Januar 1990 verfügte die DDR-Regierung unter Hans Modrow die schrittweise Reduzierung der Grenztruppen um 50 Prozent auf rund 25 000 Mann. Bis Mitte

Die Grenzen sind offen. Trabis und jubelnde Menschen an der Bornholmer Brücke.

März 1990 wurden rund 1 000 Offiziere und 12 000 Soldaten aus den Grenztruppen entlassen.

Im Hinblick auf die Währungs- und Sozialunion mit der Bundesrepublik, die am 1. Juli 1990 in Kraft trat, befahl der neue DDR-Minister für Abrüstung und Verteidigung, Rainer Eppelmann (CDU), am 26. Juni 1990 die Einstellung aller Grenzkontrollen an der innerdeutschen Grenze und in Berlin. Am 30. Juni musste zum letzten Mal den Pass vorweisen, wer von West-Berlin aus in den Ostteil der Stadt oder ins Umland fahren wollte. Zwei Wochen vor dem völkerrechtlichen Beitritt der DDR zur Bundesrepublik Deutschland, am 21. September 1990, verfügte Minister Rainer Eppelmann die Auflösung der Grenztruppen. Ein Kapitel der deutschen Nachkriegsgeschichte war damit zu Ende gegangen.

Improvisierter Grenzübergang am Brandenburger Tor. Noch im März 1990 werden hier die Pässe kontrolliert.

DAS VERSCHWINDEN DER MAUER

Mauerschützen- und andere Prozesse

Am 20. Januar 1992 verkündet das Berliner Landgericht die Urteile im ersten »Mauerschützen-Prozess«. Vier ehemalige Grenzsoldaten sind angeklagt, im Februar 1989 den 20-jährigen Chris Gueffroy beschossen und tödlich verletzt zu haben. Der Hauptangeklagte Ingo H. wird wegen Totschlags zu dreieinhalb Jahren Haft ohne Bewährung verurteilt, ein Mitangeklagter erhält eine Bewährungsstrafe von 16 Monaten Haft. In einem Revisionsprozess wird später auch die Gefängnisstrafe Ingo H.'s in eine Bewährungsstrafe umgewandelt. Die beiden anderen Mitangeklagten werden freigesprochen. Im Gerichtssaal wird es unruhig. Die meisten Zuschauer empfinden das Urteil als zu mild und äußern ihren Unmut.

An Mauer und innerdeutscher Grenze waren mehr als 900 Menschen ums Leben gekommen, über 850 verletzt worden. Über 230 Menschen wurden nachweislich an der Berliner Mauer getötet. Hunderte erlitten Verletzungen, Tausende wurden nach gescheiterten Fluchtversuchen zu hohen Haftstrafen verurteilt, an deren Folgen viele noch Jahrzehnte später leiden. Für all das gab es Verantwortliche. Doch wer war verantwortlich, hatte sich in welcher Weise schuldig gemacht? Die Geschichte der Mauer war mit dem 9. November 1989 noch lange nicht beendet.

Deutsche Gerichte standen nach 1990 vor der schwierigen Aufgabe, das persönliche Verschulden eines jeden einzelnen Angeklagten – des Grenzposten, der geschossen hatte, ebenso wie des Politbüro-Mitglieds, das an Grundsatzentscheidungen beteiligt war – individuell festzustellen und abzuurteilen. Waren die »Mauerschützen«, die auf Befehl gehandelt hatten, die »richtigen« Angeklagten? Was war mit den Machthabern und Befehlsgebern in Politik und Militär? Und es galt einen juristischen Grundsatz zu beachten: Keine Strafe ohne Gesetz. Nur was auch nach DDR-Gesetzen strafbar gewesen war, durfte Gegenstand eines Verfahrens sein. Bis 2004 wurden wegen der Todesfälle an Mauer und innerdeutscher Grenze insgesamt rund 450 Beschuldigte angeklagt, die meisten von ihnen Grenzsoldaten, darunter die Beteiligten an der Erschießung von Peter Fechter und von Günter Litfin, des ersten getöteten Flüchtlings. Als erste traf es die »Mauerschützen«. Die Anklagen lauteten auf »versuchten oder vollendeten Totschlag«. In den allermeisten Fällen wurden Bewährungsstrafen zwischen ein und zwei Jahren Haft verhängt, da in der Regel auf »minderschweren Fall von Totschlag« erkannt wurde. Insgesamt wurden nach 1990 mehr als 3 000 Ermittlungsverfahren wegen Gewaltdelikten an Mauer und innerdeutscher Grenze eingeleitet. Lediglich in circa 200 Fällen ist es bisher zur Anklageerhebung gekommen.

Im November 1992 begann der erste Prozess gegen ehemalige DDR-Politiker. Der Staatsratsvorsitzende Erich Honecker, der frühere Stasi-Chef Erich Mielke, der frühere Ministerpräsident Willi Stoph, auch der frühere Verteidigungsminister Heinz Keßler und sein Stellvertreter Fritz Streletz, allesamt Mitglieder des Nationalen Verteidigungsrates der DDR, mussten sich in Berlin wegen der Todesschüsse an Mauer und innerdeutscher Grenze verantworten. Es wurde ein langer, mühseliger Prozess. Gegen drei Angeklagte, Honecker, Stoph und Mielke, wurde das Verfahren vorzeitig aus gesundheitlichen Gründen eingestellt. Gegen Keßler,

Streletz und Albrecht sprach das Landgericht im September 1993 die Urteile: Haftstrafen zwischen fünf und siebeneinhalb Jahren. Das Gericht sah die Angeklagten nicht nur als »Anstifter«, sondern aufgrund ihrer Machtposition als »mittelbare Täter«.

Den Beschuldigten hatte ihre Argumentationsstrategie, die Grenze der DDR sei militärisches Sperrgebiet gewesen und sie dürften darum nach DDR-Recht nicht verurteilt werden, nicht genützt. Der Bundesgerichtshof betonte 1996 in seiner Ablehnung des Revisionsantrags, dass dies nicht gelte, wenn die Staatsmacht die Strafbarkeit »schwersten kriminellen Unrechts ausschließt ... und so die in der Völkergemeinschaft allgemein anerkannten Menschenrechte in schwerwiegender Weise mißachtet.«[52]

Auch der langjährige Chef der DDR-Grenztruppen, Klaus-Dieter Baumgarten, und fünf hohe Grenztruppen-Kommandeure mussten sich vor Gericht verantworten. Im September 1996 wurde Baumgarten wegen mehrfachen Totschlags zu sechs Jahren Haft, seine Stellvertreter wegen Beihilfe zu drei Jahren und drei Monaten verurteilt. Im März 2000 wurde er begnadigt.

Im April 1999 wurden vier ehemalige Vize-Kommandeure des Grenzkommandos Mitte wegen Beihilfe zum Totschlag zu Bewährungsstrafen verurteilt. Ein früherer Chef des Grenzkommandos Mitte, zu dem die Berliner Mauer gehörte, wurde im August 1999 zu zweieinhalb Jahren Haft verurteilt.

Auch die Mitglieder des letzten SED-Politbüros konnten ihrer juristischen Strafverfolgung nicht entgehen. Das Gericht sah die Politbüro-Mitglieder in direkter Verantwortung für die Todesschüsse an der Mauer. Wegen Totschlags in sechs Fällen (aus verfahrenstechnischen Gründen hatte die Anklage sich auf diese beschränkt) wurde Egon Krenz im August 1997 zu sechseinhalb Jahren, seine Mitangeklagten Günter Schabowski und Günther Kleiber zu je drei Jahren Haft verurteilt. Als einziger Angeklagter hatte sich Günter Schabowski im Verlauf des Verfahrens zu einer moralischen Mitschuld bekannt. Die letzten im Zusammenhang mit den Todesschüssen verurteilten Politbüro-Mitglieder waren 2004 Hans-Joachim Böhme und Werner Lorenz.

Aufsehen erregte auch ein Mauer-Prozess anderer Art, der im Dezember 1998 vor dem Berliner Landgericht eröffnet wurde. Auch hier ging es um tödliche Schüsse an der Berliner Mauer; doch in diesem Fall trafen sie einen DDR-Grenzsoldaten. Der 61-jährige Rudolf M. musste sich nach 36 Jahren dafür verantworten, dass er bei einem Fluchthilfe-Unternehmen im Juni 1962 den DDR-Grenzposten Reinhold Huhn in der Nähe des Checkpoint Charlie erschossen hatte. Im April 1999 wurde M. zu einem Jahr Haft auf Bewährung verurteilt.

Abriss und Verwertung

Monte Carlo an einem strahlend blauen Tag im Juni 1990. Im mondänen Hotel »Metropole Palace«, nicht weit vom weltberühmten Casino, hat sich ein illustres, zahlungskräftiges Publikum aus aller Welt eingefunden

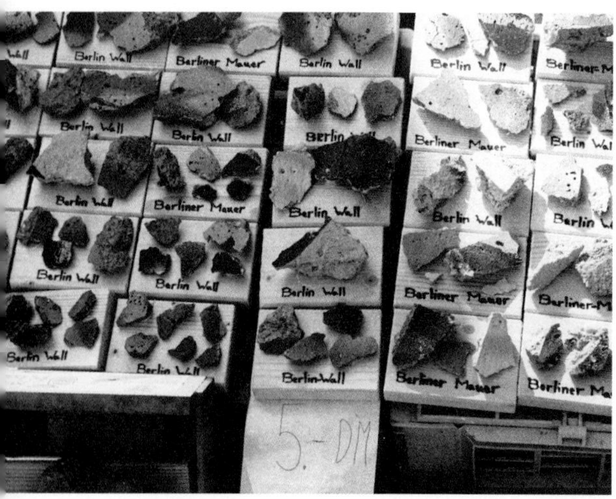

Monatelang waren Mauerstücke ein begehrtes Souvenir für Touristen aus aller Welt.

und wartet auf den Beginn einer außergewöhnlichen Veranstaltung: Die Berliner Mauer kommt unter den Hammer. Insgesamt werden an diesem Abend in Monaco 81 bunt bemalte Segmente der Grenzmauer 75 versteigert, das Mindestgebot beträgt 50 000 Franc.

Die betuchte italienische Verlegergattin Jaguba Rizolli kann sich ein für 27 000 DM ersteigertes Mauersegment – Herstellungspreis 359 DDR-Mark – in den Garten ihrer Villa stellen. Eben mal 1,3 Millionen Franc legt ein Züricher Geschäftsmann für elf Mauerstücke hin – ein guter Preis für bemalte Betonteile, die in den Frachtpapieren korrekt als »Bauschutt« deklariert sind. Insgesamt werden bei der Aktion in Monaco rund 1,8 Millionen DM erlöst, die nach Angaben des Veranstalters, einer sich seriös gebenden »Lelé Berlin Wall Verkaufs GmbH«, der Sanierung des Gesundheitswesens in der noch bestehenden DDR zugute kommen sollen.

Ab Januar 1990 gehen Mauersegmente in die ganze Welt, vor allem an Sammler oder Liebhaber, aber auch an Persönlichkeiten, die sich um die Überwindung der Mauer verdient gemacht haben. So erhalten die US-Präsidenten Ronald Reagan und George Bush ihr Mauerstück ebenso wie die John-F.-Kennedy-Bibliothek in Boston und die CIA, die es in ihrem Hauptquartier aufstellt.

»Die Mauer muss weg« war jahrzehntelang die Parole im Kampf gegen die Teilung Berlins. Mit dem 9. November 1989 war die Zeit gekommen, diese Forderung auch ganz konkret umzusetzen. Anfang 1990 beschlossen Ministerrat der DDR und der Magistrat von Ost-Berlin den Abriss der Mauer.

Insgesamt waren in und um Berlin 106 Kilometer Beton-Mauer, rund 45 000 Segmente von jeweils 2,75 Tonnen Gewicht zu beseitigen; dazu 127,5 Kilometer Signal- und Sperrzäune und 302 Beobachtungstürme.

Am 30. November 1990 wurde an der Weddinger Provinzstraße offiziell das letzte Stück der innerstädtischen Mauer abgetragen. Insgesamt waren damit Mauer und Sperranlagen auf einer Länge von 32,4 Kilometer beseitigt.

Nach 29 Jahren ein ganz neues Gefühl: Berlin ohne Mauer.

Der größte Teil der Mauer wurde einem nützlichen Zweck zugeführt. Es wurde viel Beton und Geld bewegt, um die Mauer unter die Leute zu bringen. Zuerst verkauften Scharen von »Mauerspechten« ihre Bruchstücke an Berlin-Touristen und machten dabei über mehrere Monate ein passables Geschäft. Die meisten Betonsegmente wurden zerschreddert, für 20 DM pro Tonne verkauft und vor allem beim Straßenbau in Ostdeutschland verwendet.

Streit um die Erinnerung

Ratlos stehen Berlin-Besucher am Potsdamer Platz oder in der Kochstraße: Wo war sie eigentlich, die Mauer?

Der Abbau von Mauer und Sperranlagen war ein Akt der äußeren und inneren Befreiung. Wo immer in den ersten Tagen und Wochen nach dem 9. November ein weiteres Stück Mauer abgetragen wurde, waren

Abriss von Mauersegmenten im November 1989.

jubelnde Menschen zur Stelle. Doch mit den Jahren vermissten nicht nur Berlin-Besucher, sondern auch die Berliner selbst immer stärker konkrete Orte und Relikte, die an Mauer und Grenzregime mit all ihren Schrecken und Absurditäten gemahnten. Und so gab es seit Mitte der 1990er Jahre zahlreiche Aktivitäten und Initiativen, um die Erinnerung an Mauer und Spaltung wachzuhalten. So wurde auf Beschluss des Berliner Senats die Mauergedenkstätte an der Bernauer Straße zur zentralen Mahn- und Gedenkstätte ausgebaut. Auf einer stark erweiterten Ausstellungsfläche wird den Besuchern dort die bedrückende Realität von Teilung und Mauer in all ihren Aspekten – Trennung von Familien, Flucht und Fluchthilfe, Zwangsumsiedlungen etc. – anschaulich vor Augen geführt. Das Haus am Checkpoint Charlie präsentiert am ehemaligen Alliierten-Kontrollpunkt, wo sich im Oktober 1961 amerikanische und sowjetische Panzer gegenüberstanden, Zeugnisse der Mauer, des Grenzregimes und zahlreicher Fluchtaktionen. Vor dem privat geführten Museum steht auch der Nachbau eines US-amerikanischen Kontrollhäuschens, wie es auf zahlreichen Fotos aus den Hochzeiten des Kalten Krieges in und um Berlin zu sehen ist. Im Innenstadt-Bereich wurde der Verlauf der Grenzmauer durch die Stadt mittels einer Doppelreihe von Pflastersteinen gekennzeichnet, die zwar nicht die ganze Monstrosität der Mauer, zumindest aber ihren früheren Standort dokumentiert.

Nur an wenigen Stellen Berlins blieben kürzere Mauerstücke erhalten: an der Niederkirchner Straße in Höhe des Abgeordnetenhauses, an der Mühlenstraße in Friedrichshain (»East-Side-Gallery«), auf dem Invalidenfriedhof und an der Bernauer Straße. Die Mauer bleibt also präsent in der Stadt – vor allem in den Biografien ihrer Bewohner.

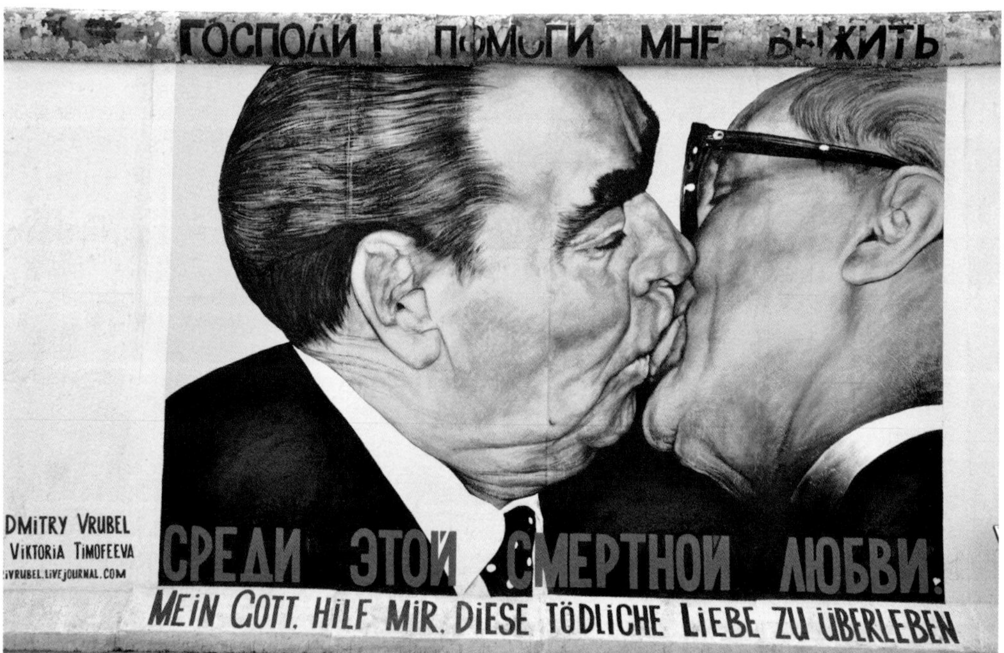

Bruderkuss zwischen Erich Honecker und Leonid Breschnew. Ein Mauerbild an der East Side Gallery erinnert an längst vergangene Zeiten.

CHRONOLOGIE

1944 12. September
Im Londoner Protokoll beschließen die USA, Großbritannien und die UdSSR die Aufteilung Deutschlands und Berlins in drei (später vier) Besatzungszonen bzw. Sektoren.

1945 8. Mai
Bedingungslose Kapitulation des nationalsozialistischen Deutschland

1946 4. Dezember
Die Sowjetische Militäradministration (SMAD) verfügt die Sicherung der Demarkationslinien der Sowjetischen Besatzungszone.

1952 26. Mai
Die DDR sperrt die Demarkationslinien zur Bundesrepublik und West-Berlin.

1958 27. November
Chruschtschow-Ultimatum:
Die Sowjetunion verlangt für West-Berlin den Status einer »freien Stadt«.

1961 15. Juni
Ulbricht erklärt vor der Presse in Ost-Berlin: »Niemand hat die Absicht, eine Mauer zu errichten.«

1961 13. August
Sperrung der Sektorengrenzen zu West-Berlin

1961 15. August
Errichtung der ersten Mauerstücke

1961 19. August
1500 US-Soldaten werden nach West-Berlin verlegt.

1961 23. August
Von 12 verbliebenen Übergängen in Berlin werden fünf weitere geschlossen. West-Berlinern ist das Betreten von Ost-Berlin untersagt.

1961 24. August
Ein 24-jähriger Mann wird von Grenzposten am Humboldt-Hafen erschossen.
Er ist der erste getötete Flüchtling an der Berliner Mauer.

1961 12. September
Bildung der »Grenztruppen der DDR« als Teil der NVA

1961 27. Oktober
Konfrontation zwischen US-amerikanischen und sowjetischen Panzern am Checkpoint Charlie

1962
Einrichtung von ersten Hundelaufanlagen

1962 18. Juni
Der DDR-Grenzsoldat Reinhold Huhn wird von einem westdeutschen Fluchthelfer erschossen.

1962 19. Juni
Grenztruppen beginnen mit der Errichtung einer zweiten Sperrmauer.

1962 17. August
Peter Fechter wird bei einem Fluchtversuch angeschossen und verblutet im Grenzstreifen.

1963 21. Juni
Deklarierung eines Ost-Berliner »Grenzgebiets« an der Mauer, das nur mit Sondergenehmigung betreten werden darf

1963 26. Juni
Besuch von US-Präsident John F. Kennedy in West-Berlin

1963 19. Dezember
Das erste Passierscheinabkommen tritt in Kraft; Dauer bis 5. Januar 1964.

1964 Dezember
Zweite Passierscheinregelung

1965 18. Dezember
Dritte Passierscheinregelung; Dauer bis 2. Januar 1966

1966
Aufstellung der ersten Beobachtungstürme (BT 9 bzw. 11)

1966 7. April (bis 20.) und 23. Mai (bis 5. Juni)
Vierte Passierscheinregelung

1966 Dezember
Scheitern der Verhandlungen über weitere Passierscheinregelungen

1968
Errichtung der Mauer der »3. Generation« (Betonplatten mit aufgesetztem Rohr)

1971
Beginn der Installierung des »Grenzzauns« aus engem Stacheldraht

1971 31. Januar
Nach 19-jähriger Unterbrechung begrenzte Wiederaufnahme der Telefonverbindung zwischen beiden Teilen Berlins

1971 **3. Mai**
Honecker löst Ulbricht als SED-Parteichef ab.

1971 **3. September**
Paraphierung des Viermächteabkommens über Berlin

1971 **17. Dezember**
Unterzeichnung des Transitabkommens zwischen der Bundesrepublik und der DDR

1971 **20. Dezember**
Unterzeichnung einer Vereinbarung zwischen dem Senat und der Regierung der DDR über Erleichterungen und Verbesserungen des Reise- und Besuchsverkehrs

1972 **3. Juni**
Das Viermächteabkommen tritt in Kraft.

1972 **21. Dezember**
Unterzeichnung des Grundlagenvertrags zwischen der Bundesrepublik und der DDR

1974
»Hinterlandmauer« und hinterer »Grenzsignalzaun 74« werden errichtet.

1975
Aufstellung der ersten Beobachtungstürme BT 9 bzw. 11 in eckiger Bauweise

1976
Errichtung erster Teile der »Grenzmauer 75« (Mauer der »4. Generation«)

1977 **7. Oktober**
Auf dem Ost-Berliner Alexanderplatz kommt es zu schweren Zusammenstößen zwischen Jugendlichen und der Volkspolizei. Drei Jugendliche kommen dabei ums Leben.
Die Menge fordert: »Die Mauer muß weg!«

1980 **13. Oktober**
Erhöhung des Mindestumtauschs bei Besuchen in Ost-Berlin auf 25 DM. Drastischer Rückgang der Besucherzahlen.

1981 **20. November**
Öffnung des Teltow-Kanals für Binnenschiffe

1982 **25. März**
Die DDR-Volkskammer billigt neues Grenzgesetz.

1983 **1. Juli**
Der Nationale Verteidigungsrat der DDR faßt einen Grundsatzbeschluss zum weiteren »pioniertechnischen« Ausbau der Grenzanlagen.

1984
Aufstellung eines Grenzsignal- und Sperrzauns an der »Hinterland-Grenze«

1989 **19. Januar**
Honecker erklärt in Ost-Berlin, die Mauer werde »noch in 50 oder 100 Jahren bestehen« bleiben, wenn sich nicht die Bedingungen geändert hätten, die zu ihrer Errichtung führten.

1989 **5. Februar**
Der 20-jährige Chris Gueffroy wird bei einem Fluchtversuch erschossen.
Er ist das letzte Todesopfer an der Mauer.

1989 **8. April**
Am Grenzübergang Chausseestraße wird der Fluchtversuch zweier Jugendlicher durch einen Warnschuss gestoppt. Es sind die letzten bekannt gewordenen Schüsse, die an der Mauer fallen.

1989 **4. November**
Großdemonstration in Ost-Berlin gegen die SED-Regierung

1989 **9. November**
Öffnung der Mauer

1990 **30. Juni**
Einstellung aller Grenzkontrollen

1990 **21. September**
Auflösung der Grenztruppen der DDR

1992 **10. Januar**
In Berlin endet der erste »Mauerschützen-Prozess«. Der Hauptangeklagte wird wegen Totschlags zu dreieinhalb Jahren Haft verurteilt. Später wird das Urteil in eine Bewährungsstrafe von zwei Jahren umgewandelt.

1998 **25. August**
Im sogenannten »Politbüro-Prozess« werden Egon Krenz, Günther Kleiber und Günter Schabowski wegen der Todesschüsse an der Mauer zu sechseinhalb bzw. drei Jahren Haft verurteilt.

2006 **20. Juni**
Der Berliner Senat beschließt ein Gesamtkonzept für das Gedenken an die Berliner Mauer.

2012
Mit der Fertigstellung der neuen Außenanlage wird die Gedenkstätte in der Bernauer Straße als zentraler Ort der Erinnerung an die Berliner Mauer und ihre Opfer vollendet.

ANMERKUNGEN

1 Vgl. Petschull, Jürgen, Die Mauer, Hamburg[3] 1990, S. 51ff
2 Befehl 01/61, 12.8.1961, zit. n. Riemer, Rudolf, Das zweigeteilte Deutschland 1961-1962, München 1995, S. 119
3 Zit. n. Beschloss, Michael, Powergame. Kennedy und Chruschtschow. Die Krisenjahre 1960-1963, Düsseldorf 1991, S. 281
4 Brandt, Willy, Erinnerungen, Berlin[3] 1989
5 Edward R. Murrow, zit. n. Bechloss, Powergame, S. 279
6 Schlesinger, Klaus, Am Ende der Jugend, in: Ders., Berliner Traum, Rostock 1977, S. 116f
7 Fundstellen SAPMO-BArch DY 30/IV/2/15287 und Berliner Mauer-Archiv
8 Informationsbericht, Berliner Mauer-Archiv
9 SAPMO-BArch Dy 30 J IV 2/2/2 784
10 Tansportpolizei/Abschnitt Berlin, Berliner Mauer-Archiv
11 Zit. n. Koop, Volker, Den Gegner vernichten. Die Grenzsicherung der DDR, Bonn 1996, S. 178f
12 de Bruyn, Günter Vierzig Jahre. Ein Lebensbericht, Frankfurt a.M. 2 1996, S. 109f
13 Befehl 101/69, Vgl. Koop, Gegner, S. 260f
14 Befehl 101/71, Vgl. ebd., S. 263f
15 Rundschreiben an SED-Kreisleitungen, 28.10.1971, S. 2 (Berliner Mauer-Archiv)
16 Zit. n. Scholze, Thomas/Blask, Falk, Halt! Grenzgebiet!, Berlin 1992, S. 183/199
17 LAB, C Rep. 736, Nr. 70; zu Fluchtversuchen vgl. auch: Hildebrandt, Rainer, Es geschah an der Mauer, Berlin 1992
18 Befehle 101/61 und 101/62, BA-MA VA-01/ 5003
19 Handbuch für Grenzsoldaten, Berlin 1965, S. 41
20 Zit. n. Karau, Gisela, Grenzerprotokolle, Frankfurt/M. 1992, S. 25
21 Zit. n. Koop, Volker, Ausgegrenzt. Der Fall der DDR-Grenztruppen, Berlin 1993, S. 118
22 Vorlage des Stadtkommandanten, Februar 1965 (Berliner Mauer-Archiv)
23 Zit. n. Knobloch, Heinz u. a., Geisterbahnhöfe, Berlin 1994, S. 77ff
24 Zit. n. Karau, Grenzerprotokolle, S. 33
25 Vgl. Rathje, Wolfgang, Der Ausbau der Berliner Mauer 1975-1989, Ms., Christian-Albrecht-Universität Kiel, 1996, S. 20ff
26 Konzeption … für den weiteren Ausbau der Staatsgrenze der DDR, 5.8.1982 (Berliner Mauer-Archiv)
27 Vgl. dazu Wenzel, Otto, Kriegsbereit: der Nationale Verteidigungsrat der DDR 1960 bis 1989, Köln 1995, S. 71f
28 Schreiben des Grenzkommandos Mitte, Juni 1971, Bl. 1, (Berliner Mauer-Archiv); Politische Verwaltung der Grenztruppen der DDR (Hg.) Die Staatsgrenze unserer Republik ist unantastbar, o. O. 1982, S. 43
29 Übersicht versuchte und erfolgte Grenzdurchbrüche (1. 12. 1974–30. 11. 1979) (Berliner Mauer-Archiv)
30 LAB, C Rep. 736, Nr. 70
31 LAB, C Rep. 736, Nr. 69
32 Zit. n. Koop, Ausgegrenzt, S. 114f
33 Handbuch für Grenzsoldaten, S. 55
34 Vgl. Geschke, Heinz u. a., Die Sicherung der Staatsgrenze der DDR als gesamtgesellschaftliches System, in: Vom Mauerbau zum Mauerfall, H.5, Potsdam 1998, S. 52
35 Außerordentliche Dienstbesprechung, 23. 8. 1988, BA-MA GTÜ AZN 16629
36 Schreiben von Oberstleutnant Ganßauge, Oktober 1981, LAB, C Rep. 736, Nr. 12
37 Frankfurter Allgemeine Zeitung, 20.1.1989
38 Kommando der Grenztruppen, »Thesen zum Thema Tendenzen der Entwicklung neuer Grenzsicherungsanlagen …«, BA-MA GTÜ AZN 17791
39 Zit. n. Rathje, Ausbau, S. 143
40 Forschungsbericht »Seismische Meldungsgebersysteme«, 31. 1. 1985, BA-MA GTÜ AZN 17779
41 Zit. n. Rathje, S. 115
42 Vgl. »Vorschlag des Chefs Technik und Bewaffnung der Grenztruppen«, 30. 12. 1988, BA-MA GTÜ AZN 17791
43 Ministerium für Nationale Verteidigung, Juni 1988, BA-MA GTÜ AZN 17791
44 Vgl. Hertle, Hans-Hermann, Chronik des Mauerfalls, Berlin 1996, S. 145f
45 Vgl. Hertle, Hans-Hermann, Der Fall der Mauer, Opladen 1996, S. 187
46 Neue Berliner Illustrierte 8/1990, S. 4
47 Zit. n. Hertle, Chronik, S. 14
48 Zit. n. Hertle, Fall der Mauer, S. 230
49 Zit. n. Karau, Grenzerprotokolle, S. 21
50 Vgl. Hertle, Fall der Mauer, S. 256ff
51 Befehl 101/89 in der Fassung vom 21. 12. 1989, BA-MA GTÜ AZN 17239
52 Vgl. Grafe, Roman, in: Süddeutsche Zeitung, 3./4. 5. 1997

Benutzte Archive

Bundesarchiv, Außenstelle Dahlwitz-Hoppegarten
Bundesarchiv, Stiftung Archiv der Parteien- und Massenorganisationen der DDR (SAPMO), Berlin
Landesarchiv Berlin
Mauer-Archiv von Hagen Koch, Berlin

Abbildungsnachweis

Berliner Mauer-Archiv 7, 18, 22 (3), 24, 34, 35, 39, 43, 47, 48/49 (4), 50, 51, 52, 53, 54, 57, 60, 62
Dieter Breitenborn, Berlin 11, 37 (2), 72, 74
Bundesarchiv Koblenz 5 (183-85458-0001), 16 (183-85711-0001), 31 (P061246), 45 (F037273-0008), 59 (F078995-0032), 64 (183-1989-1007-028)
Bundesregierung 4, 17, 21
Ch. Links Verlag, Berlin 28, 40, 67, 75
Landesarchiv Berlin 20, 25, 29
Landesbildstelle Berlin 12, 19, 44
Polizeihistorische Sammlung des Polizeipräsidenten von Berlin 10, 14, 33
Michael Reimer, Berlin 42
Andreas Schoelzel, Berlin 66, 71
ullstein bild 15 (Foto: Peter Leibing), 27, 32, 69
Verlagsarchiv 76
Zeitungsarchiv FU Berlin 9

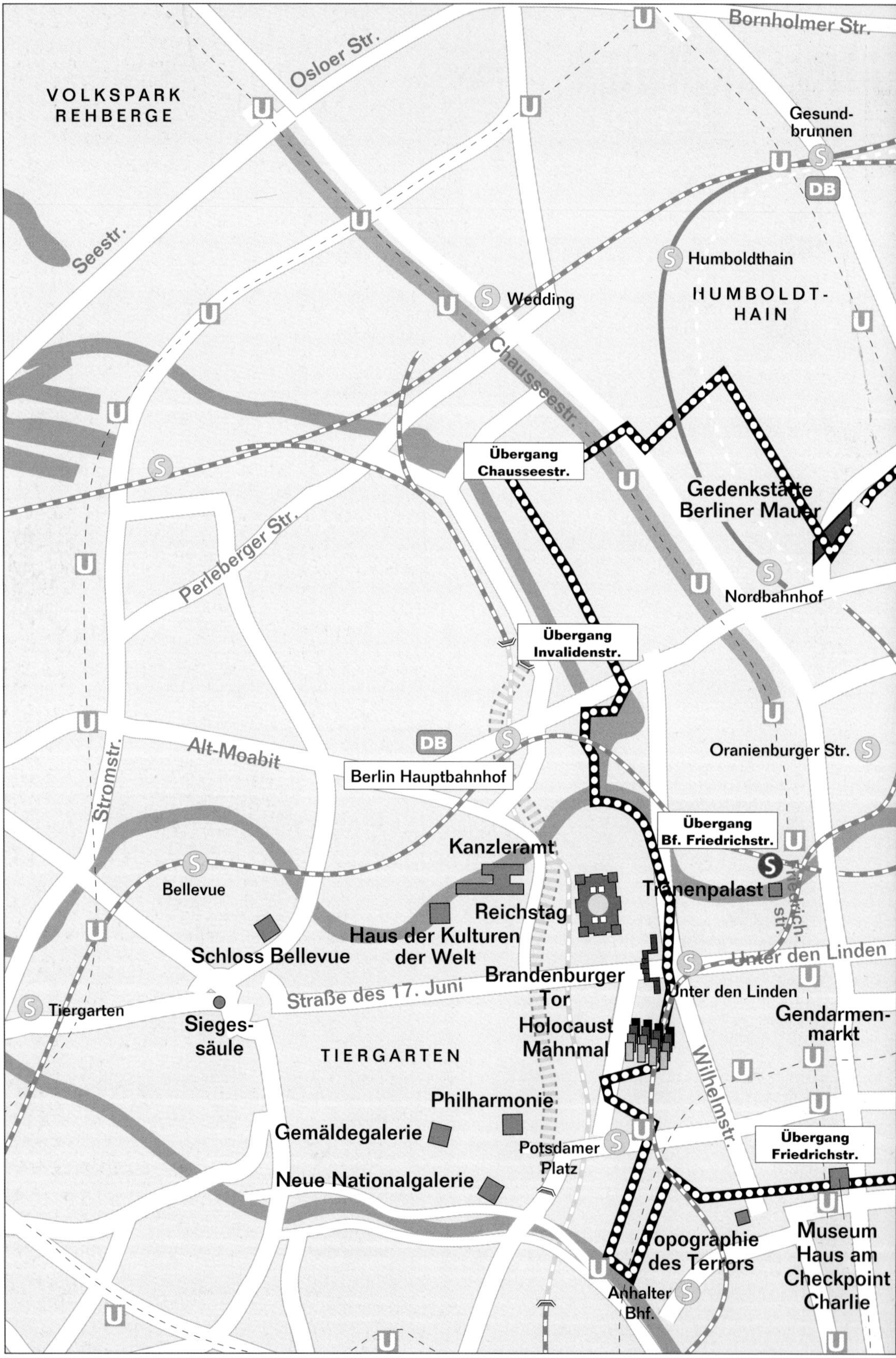

VOLKSPARK REHBERGE
Osloer Str.
Bornholmer Str.
Gesundbrunnen
DB
Seestr.
Humboldthain
HUMBOLDTHAIN
Wedding
Chausseestr.
Übergang Chausseestr.
Gedenkstätte Berliner Mauer
Perleberger Str.
Nordbahnhof
Übergang Invalidenstr.
Alt-Moabit
Stromstr.
Berlin Hauptbahnhof
Oranienburger Str.
Übergang Bf. Friedrichstr.
Kanzleramt
Bellevue
Tränenpalast
Friedrichstr.
Reichstag
Haus der Kulturen der Welt
Schloss Bellevue
Unter den Linden
Brandenburger Tor
Straße des 17. Juni
Tiergarten
Siegessäule
Holocaust Mahnmal
Gendarmenmarkt
TIERGARTEN
Wilhelmstr.
Philharmonie
Gemäldegalerie
Potsdamer Platz
Übergang Friedrichstr.
Neue Nationalgalerie
Topographie des Terrors
Museum Haus am Checkpoint Charlie
Anhalter Bhf.